Edgar Hahnewald

SÄCHSISCHE HEIMATBILDER

F. A. Brockhaus Verlag
Leipzig

Herausgegeben von Angelika Ziegner

Verlag und Herausgeberin danken
der Tochter Edgar Hahnewalds, Frau Hildegard Berthold (†),
für Rat und Unterstützung an diesem Buch

ISBN 3-325-00246-3

2. Auflage

Lizenz-Nr. 455/150/83/90 · LSV 5009
Lektor: Rüdiger Thomas
Buchgestaltung: Bernhard Dietze
Printed in the German Democratic Republic
Lichtsatz: INTERDRUCK Graphischer Großbetrieb Leipzig –
III/18/97
Druck und Binden: Druckerei »Hermann Duncker«, Leipzig
III/18/138
Bestell-Nr. 587 317 1
Redaktionsschluß: Januar 1990

Inhaltsverzeichnis

Unter Bäumen
ist der Mensch am glücklichsten.

Stendhal

Du bist Orplid, mein Land!

Tallandschaft der Freiberger Mulde bei Leisnig

Du bist Orplid, mein Land! Das ferne leuchtet…

Dieser rauschende Vers des Pfarrers von Cleversulzbach, Eduard Mörike, sang im Ostwind, als ich zum ersten Male vom Triebenberg in die weiten Lande sah.

Bis zu diesem Tage lag der Berg mir unbekannt unter der Decke wogender Felder, abseits von allen Straßen; ein kleiner brauner Doppelring auf dem Meßtischblatt. Auf der Karte stöberte ich ihn erst auf, nachdem ein Wanderer und Schwärmer mir von ihm erzählt – er hätte mir den Berg ans Herz gelegt, wenn das angegangen wäre.

Der Triebenberg ist kaum ein Berg. Er ist ein Hügel in der Landschaft, ein runder, weicher Busen, an dem der Sommer ruht und schläft.

Er ist nur 383 Meter hoch – immerhin: sein Nachbar, der allen bekannte Borsberg, erhebt sich nur 355 Meter über den Spiegel der Ostsee. Und im Dreieck Pirna – Wilsdruff – Radeberg ist der Triebenberg der höchste Gipfel.

Ich kam von der Keppmühle herauf zu ihm. Über Mal-

Heller mit verlorenem Wasser

schendorf und Schönfeld, durch Felder, die im Winde wogten, durch Wiesen, auf denen der Sommer ein reichbesterntes Fest feierte. Es war Sonntag. Auf den Wiesen dörrte und duftete das Heu. Und ringsum sangen die Morgenglokken in den Dörfern.

Man kann den Triebenberg bequemer erreichen, wenn man vom Borsberg aus über Zaschendorf der Straße nach Schullwitz folgt. Schöner war meine Wanderung über die Schönfelder Ebene, die weiche Wölbung des Triebenberges immer vor Augen. Den Borsberg hat mir ohnedies der Betrieb verleidet, der da herrscht; die Kneipe und der Fotograf, der da oben seine Greuel verübt: er fotografiert Leute, die sich dazu hergeben, hinter einem auf Pappe gemalten Luftschifferkorb vor einem gemalten Luftballon; er fotografiert sie hinter den Kabinenfenstern eines auf Pappe gemalten Luftschiffes. Das tut er; und die Leute machen das mit, die Leute, die sich nur vor den durchsonnten Wald zu stellen brauchten, wenn schon geknipst sein muß. Zu Hunderten gehen diese Greuelbilder von Hand zu Hand, geschmackverderbend, geschmackvernichtend, Wegbereiter für jeden Kitsch. Sie haben mir den Borsberg verleidet.

Auf dem Triebenberg gibt es keine Kneipe, keinen Fotografen. Keine Straße führt hinauf. Und nur die kommen dahin, denen ein Sonntagsgang ins Freie mehr ist als nur ein Vorwand dafür, einmal anderswo Bier in den Magen zu schütten.

Von irgendeinem der schmalen Feldraine läßt man sich zu seiner sanften Höhe führen. Grünes Gras raschelt unter den Füßen. Ähren streifen die Hand. Manchmal endet so ein Rain vorm Feld. Es macht nichts, man findet einen andern.

Und dann, kaum daß man eine Steigung spürte, steht man auf der Höhe, überrascht und gebannt von der Fernsicht, die der Hügel erschließt und die man auf der Hochfläche von Schönfeld, über die man kam, nicht ahnte. Hat man Glück und hält ein scharfer Ostwind bei strahlendem Sonnenschein die Ferne von allem Dunst rein, so bleibt der Blick unvergeßlich.

Ringsum liegt das Land in gläserner Klarheit gebreitet. Über die Schönfelder Ebene wogt und wallt ein Ährenmeer um die Dörfer, die als bunte Inseln in den Feldern liegen. Noch über dem Hügel schlagen die grünen Felderwogen zusammen. Einmal wallen sie sanft gewellt, dann scheinen weißliche Rauchschwaden langsam über die Ähren hinzustreichen. Und dann wieder, vom Wind herrisch aufgewühlt, erinnern sie an die stürmischen Sturzwogen einer grünen See. Darüber hinaus dunkeln groß und still und unübersehbar die Dresdner Heide, der Carswald und die Massenei. Elbabwärts steigen die Höhen jenseits des Stromes aus dem Tal auf.

Im Osten und Süden aber spannt sich in weitem Bogen über den Wäldern und Feldern der Elbtallandschaft eine zauberhafte Sicht. Östlich schimmern die Gipfel der Lausitz über den dunklen Wäldern um Sebnitz. Südlich baut das Erzgebirge seine langhingestreckten Terrassen unter einem Baldachin weißgeballter Wolken auf. Dazwischen ragen vielgestaltig die Steinkegel der Sächsischen Schweiz.

Blau, duftig, zum Greifen nahe und doch wieder aller Wirklichkeit entrückt schimmern sie im Morgenlicht wie die blauen, gläsernen Berge des Märchens.

Man streckt sich ins Gras und sieht hinaus in das Bild, das ein Mosaik aus tausend bunten reizvollen Einzelheiten und doch ein Ganzes ist. Und man weiß: es gibt gewaltigere, hinreißendere, überwältigendere Landschaften als diese. Ja, aber dies ist unsere Heimat, mit der wir uns noch in der fernen Fremde verwachsen fühlen.

Und nun liegen wir da. Um uns rauscht das reifende Korn. Im Felde schlägt die Wachtel. Und da draußen, grün und blau, duftig und glasklar, liegen die sächsischen Lande. Sie sind unsere Heimat. Und in sie hinauszuschauen, war lange ein ersehntes Glück.

Vom Meer dampfet kein besonnter Strand den Nebel, so der Götter Wange feuchtet. Und doch rauscht vor diesem Bild immer wieder Weylas Gesang auf: Du bist Orplid, mein Land! Das ferne leuchtet …

Im Wachtelschlag klingt es, in den Birken und Halmen rauscht es, aus den Dörfern ringsum läutet es her, aus den weißen Wolken strömt es nieder, und der flatternde Wind trägt es immer von neuem über die weichen Ährenwellen dieses kleinen, sanften, einsamen Hügels, der im Mittagslicht träumt: du bist meine Heimat, du bist der Boden, auf dem mein Geschlecht durch die Jahrhunderte wuchs, auf dem es die Scholle grub, in Dörfern webte, in Städten strebte, auf dem es lebte und liebte und litt und lachte und starb …

Du bist Orplid, mein Land!

Otto Altenkirch – ein Maler der sächsischen Landschaft

Waldstimmung

Der Heller flimmert in brandigem Dunst. Die Sandflächen breiten ein fahles Gelbgrau über den Vordergrund, von dem sich einige schmale Heidekrautinseln in trockenem Braunviolett mit vereinzelten grünen Flecken darin abheben. Weiter hinten streckt sich eine Windgrassteppe, weich wie Haar und kupfern in der Farbe, vor einem Waldstreifen, dessen Kiefernwipfel einer schweren Wolke gleich, tief auf der Fläche zu liegen scheinen und nur am Rande, wo der Wald sich lockert, von einzelnen Stämmen wie von Stützen über der Erde gehalten werden. Über dem Wald steht hoch, prachtvoll, in einem stumpfen, dunklen Stahlblau eine Gewitterwolke wie ein riesenhaftes Haupt ohne Antlitz, von einer Aureole hervorbrechender Lichter umstrahlt. Sie steht regungslos, als warte sie noch, ehe sie mit rollender Donnerstimme in die Landschaft spricht. Unter diesem Wolkenhaupt drängt sich das bißchen Landschaft noch enger an die bleiche Erde. Nur eine Birke steht ganz allein mitten in der Sandfläche auf einem kleinen zerrissenen Teppich von Heidekraut. Ihr von vielen Stürmen verbogener Stamm, vor dem Stahlblau unwahrscheinlich weiß, überschneidet den fernen Waldstreifen und hält einen Laubbüschel wie eine zerfetzte Fahne hoch vor die drohende Wand.

Und noch jemand steht in der spärlichen Fläche. Ein Maler vor seiner Staffelei. Die Krempe eines in vielen Wettern verblichenen Hutes beschattet seine Augen. Er trägt eine alte, mit allen Farben seiner Palette bekleckste Jacke und blankgetretene Holzpantoffeln, die ihm das stundenlange Stehen erleichtern. Er sieht in dieser Kleidung einem Handwerker ähnlicher als einem Künstler. Ein Blick auf seine Leinwand auf der Staffelei zeigt, daß er ein Künstler ist. Im kleineren Abbild ist dort die Landschaft noch einmal, der Sand, das Heidekraut, das Windgras, der Wald, die Birke, die Gewitterwand. Das Bild läßt erkennen, was in dieser scheinbar kargen eintönigen Sandebene den Maler reizte: das einsame Aufstehen der Birke über dem ganz tiefgenommenen Horizont, ihr Hinaufweisen in die hohe drohende Wolke, die vier Fünftel des Bildraumes beherrscht. Aber nicht allein das, nicht nur die beinahe trotzige, beinahe tragische Einsamkeit der Birke mit der zerschlissenen Laubfahne in der kargen Landschaft macht diesen künstlerisch gesehenen Ausschnitt zum Bilde. Das rein Malerische des Motivs zog den Künstler an. Die flimmernde, von sommerlichen Dünsten geschwängerte Atmosphäre, das irrende Spiel fliehender Lichter am Himmel und über den Farben des Sandes und der Heide, das beinahe Geängstete, Erschreckte dieser Landschaft unter dem schweren Dunkel der riesenhaften Wolke. Der eigenartige Gegensatz zwischen dieser drohenden Erscheinung, die in ihrer stahlblauen Ruhe und Ballung wie ein Dämon wirkt und doch schwere, sommerliche Sättigung verheißt – der Gegensatz zwischen ihr und der flimmernden Unrast, der Erregung in der kleinen Landschaft, die bleich in zitternder Luft sich hinschmiegt, den ersten Donnerschlag fürchtend und doch die Sättigung mit aller Glut des trockenen Sandes erwartend – das ist in freilich literarischer Übertragung der malerische Reiz dieser Landschaft, an der nach der Meinung des Laien »aber auch gar nichts« ist. Einfach: Anreiz für den Maler ist der unendliche Zauber des Lichts, und das landschaftliche Motiv ist nur der Träger, an dem dieser Zauber sichtbar wird. Der Maler ist stumm an sein Werk hingegeben. Aus dem Hutschatten hervor prüfen die zusammengekniffenen Augen immer wieder bald die Landschaft, bald das Bild. Unter der großen Palette hervor sprießen bereitgehaltene Pinsel wie ein starrer Strauß. Der Maler arbeitet mit dem Spachtel, diesem kleinen Werkzeug aus federndem Stahl, an das hölzerne Heft angebogen wie eine Kelle und schmal wie ein Brieföffner. Auf der Palette mischt der Spachtel leise klingend die gebrauchte Farbe und mit einem Spachteldruck verwandelt sich das Kleckschen Farbenpaste auf der Leinwand in einen Büschel violetter Heide, der wie eine lebendige Flamme im bleichen Sande lodert. Der Maler zeichnet mit dem Pinselstiel seinen Namen in die frische Farbe des Bildes: Otto Altenkirch. Dann packt er sein Malgerät zusammen.

Mit erhobener Stimme donnert die Wolke. Sie reckt sich riesenhaft über den Himmel. Und während der Maler seinem Arbeitsquartier in der alten Hellerkaserne hinter den hohen Bäumen zuschreitet, schlagen die ersten groschengroßen Tropfen in den durstig zerfallenden Sand.

Am 2. Januar 1925 feiert Professor Otto Altenkirch seinen fünfzigsten Geburtstag. Er wird ihn im Kreise seiner Freunde feiern, lächelnd und wortkarg, wie es sein Wesen ist. In jener Gelassenheit, die es fertig bringt, mit einer Antwort, einem Einwand auf eine Frage zurückzugreifen, die acht Tage zuvor in der Runde besprochen wurde, und es so zu tun, als sei eben in diesem Augenblick die kleine Pause im Gespräch eingetreten, in der er nun sprechen kann. Es ist jene Gelassenheit des märkischen Blutes, neben der wir Sachsen, denen doch nicht gerade das Temperament aus den Poren spritzt, wie nervöse Wiesel wirken. Sie ist ohne Schwere, sie ist nur Ruhe. Die Mark ist Otto Altenkirchs Heimat. In Ziesar, einem kleinen ereignislosen Städtchen bei Magdeburg, stand seine Wiege in der Behausung eines kleinen Sattlermeisters. Altenkirch ist später mit Malkasten und Staffelei auch in seine Heimat gegangen, und rund um das Ackerbürgerstädtchen entdeckte er die heimatliche Landschaft gewissermaßen noch einmal: flach hingebreitetes Land, verlorene Gehöfte unter aufragenden Bäumen, blinkende Wasser, in denen sich die Wolken spiegeln. Es stellte sich heraus, daß durch alle seine Bilder, so verschieden sie nach Motiv und Stimmung sein mögen, immer wieder die Heimat durchschimmerte. Wo deutsche und vornehmlich sächsische Landschaft die stillere und verhaltenere Sprache seiner Heimat redete, dort hat er sie aufgesucht, geliebt und gemalt. Und die nährenden Wurzeln seines künstlerischen Tuns führen in ihren letzten zarten Verästelungen in den Boden der märkischen Heimat.

In Ziesar trabt Altenkirch acht Jahre lang mit den Kindern der Kleinbürger und Bauern in die Volksschule damaliger Primitivität. Immerhin gibt es in dieser Schule schon einen Zeichenlehrer, und Altenkirch macht die Entdekkung, daß man die Welt zeichnend und malend darstellen kann. Irgendwelche schlechte Öldrucke, vor denen er bewundernd steht, bekräftigen das und begeistern ihn. Und nun macht er vor den alten Gemäuern Ziesars die ersten Zeichenversuche, die seinen Lehrer so stark von einem vorhandenen Talent überzeugen, daß er Altenkirchs Vater rät, den Jungen Maler lernen zu lassen. Der Sattlermeister befolgt den Rat auch – Altenkirch kommt nacht Beendigung seiner Schulzeit in die Lehre zu einem Berliner Dekorationsmaler, dessen Stolz es ist, daß seine Werkstatt im Rufe steht, tadellose Fußbodenanstriche zu liefern. Die Lehrjahre verstreichen – Altenkirch »verstreicht« sie mit Ringpinsel und Bernsteinlack. Er arbeitet elf, zwölf, ja vierzehn

Stunden täglich und schiebt den Malerkarren durch die Straßen Berlins in jener guten alten Zeit, als noch niemand sich um das Schicksal der Lehrlinge kümmerte. In heimlichen Stunden erwachen immer wieder noch gestaltenlose Träume. Wer sieht einem armen geschundenen Lehrling an, daß der Kuß der Muse auf seiner Stirne glüht?

Die tausendmal geschriebene Geschichte vom häßlichen Entlein schreibt das Leben immer wieder von neuem. Altenkirch bittet seinen Lehrmeister um die Erlaubnis, in die Zeichenstunde der Berliner Fortbildungsschule gehen zu dürfen. Es wird ihm erlaubt. Altenkirch ist glücklich. Er lernt, er zeichnet und malt nachts, sonntags, in allen Freistunden. Seine Mitschüler machen ihm klar, daß er gar nicht so zu schuften brauche, das werde gar nicht verlangt. Für sie ist die Sonntagsschule nur eine begreiflicherweise begrüßte Gelegenheit, der Sonntagsarbeit in der Werkstatt des Meisters zu entgehen. Der Lehrer aber wird auf Altenkirch aufmerksam. Er hatte die Gepflogenheit, die talentierten seiner Schüler in die vorderen zwei Reihen zu setzen und sich nur um diese zu kümmern. Die übrigen, von denen er wußte, daß bei ihnen eine noch so eifrige Bemühung des Lehrers nicht vorhandene Talente nicht wecken könnte, vertaten im Hintergrunde ihre Zeit. Wie in einer Lesebuchgeschichte taucht dieser Lehrer über ein Menschenalter später, kurz vor Altenkirchs fünfzigstem Geburtstag noch einmal auf: als Besuch in Altenkirchs Atelier, in dem er vor den Gemälden seines ehemaligen Sonntagsschülers steht und fragt und Notizen macht für den Unterricht an der Kunstschule, zu deren Lehrer er selber sich heraufgearbeitet hat. Beide, der Lehrer und der Schüler von damals, sind nun Professoren, und die mitgekommene Gattin des Lehrers formuliert die Pointe dieser Anekdote: »Sehen Sie – erst haben Sie von meinem Mann gelernt und nun lernt mein Mann von Ihnen.«

Die Lehrjahre vergehen. Altenkirch ist nun Malergeselle. Am Tage arbeitet er auf Neubauten, die in Berlin wie Pilze aus der Erde schießen. Die Freistunden widmet er der sehnsüchtig erstrebten Kunst. Sein Lehrer im Zeichenkursus der Fortbildungsschule ist jetzt der Maler Hugo Händler, der wertvollen Einfluß auf den Gesellen ausübt. Auch er kreuzt später noch einmal, und zwar entscheidend, Altenkirchs Weg.

Dann packt den jungen Malergesellen der alte deutsche Wandertrieb. Die Erzählung reisender Malergesellen in den Frühstückspausen zwischen Hobelspänen und Farbtöpfen hatte in ihm die Sehnsucht nach der Ferne geweckt. Altenkirch geht mit sechzig Mark in der Tasche auf Wanderschaft, die nach Rumänien, in die Türkei, nach Ägypten und über Italien und die Schweiz zurückführen soll. In Bukarest bleibt er hängen. In der rumänischen Metropole kennen die Gebrannten nur drei Malerwerkstätten, in denen es für geleistete Arbeit auch Lohn gibt. Altenkirch gerät als unerfahrener Neuling natürlich in eine der anderen. Statt Lohn zu zahlen, borgt der Meister seine Gesellen an. Dann brennt er durch. Ein Unglück kommt auch hier nicht allein: Altenkirchs Mantel mit sämtlichen Papieren wird gestohlen und verschwindet in irgendeinem Trödlerladen der farbigen Balkanstadt. Betrogen und bestohlen sucht der Malergeselle Hilfe beim deutschen Konsulat. Er erhält drei Franken und vom Konsulatsarzt die Versicherung, daß er tauglich sei und seiner Militärpflicht in Deutschland genügen müsse. Altenkirch erarbeitet sich das Geld für die Heimreise. Er malt Hintergründe für die Wachsfiguren eines Panoptikums – es sind Vorspiele seiner späteren Theatermalerei, ohne daß er das ahnt. Nebenher füllt er seine Skizzenbücher mit den bunten Erscheinungen dieser für ihn so abenteuerlichen Stadt. Ein Brief der Mutter ruft ihn in die Heimat zurück. Die Träume von Konstantinopel, Jerusalem, Kairo versinken. Die Kaserne der Ortelsburger Jäger nimmt den unsicheren Kantonisten auf. Altenkirch dient seine zwei Jahre ab. Und auch in der Schoßtasche des Waffenrocks steckt das Skizzenbuch.

Nach der Militärzeit nimmt er wieder Unterricht beim Maler Händler. Der schickt ihn eines Tages mit einem Bündel Zeichnungen und einem Empfehlungsschreiben zu Eugen Bracht, der damals an der Berliner Akademie das Atelier für Landschaftsmalerei leitete. Der große Traum wird Wirklichkeit. Altenkirch kann 1899 als Hospitant und später als Vollschüler in die Landschaftszeichenklasse Paul Vorgangs eintreten. Seinen Lebensunterhalt erarbeitet er sich immer noch als Malergeselle. Nach drei ungewissen, an Arbeit, Hoffnungen und Entbehrungen überreichen Jahren wird er, obwohl ihm die sonst geforderte Schulbildung fehlt, als Studierender der Akademie in das Atelier Brachts aufgenommen. Als Bracht nach einem Vierteljahr einem Ruf an die Dresdner Akademie folgt, nimmt er Altenkirch mit sich. Er bleibt Brachts Schüler und Assistent bis 1906. Gleichzeitig treibt er bei Emanuel Hegenbarth Tierstudien. Die Tiermalerei spielt später keine Rolle in Altenkirchs Schaffen, aber Hegenbarth beeinflußte sein Werden mindestens ebenso stark wie Eugen Bracht. Altenkirch lernte von ihm die feine Einfühlung, die malereische Vollendung, die Hegenbarths Bilder auszeichnet. Und wer Altenkirchs malerisches Werk kennt, konnte in der Hegenbarth-Gedächtnisausstellung, die der Sächsische Kunstverein im Herbst dieses Jahres in Dresden zusammenbrachte, erkennen, wie viel ihm dieser Meister gegeben hat, und es hat seinen Reiz, den Anregungen und ihren individuellen Wandlungen von Zügel zu Hegenbarth und Bracht zu Altenkirch nachzuspüren.

Aus den Ateliers seiner Meister heraus ging Altenkirch schon als Schüler eigene Wege. An seinen Landschaftsstudien aus dieser Zeit kann man, wenn er sie einmal aus den Winkeln seines Ateliers hervorholt, beinahe den Monat bestimmen, in dem er sich von den manchmal fast zu »schönen« Farben Brachts freimacht und die herberen Farbenreize der Landschaft sucht, für die ihn Neigung und Hegenbarths Einfluß empfänglich macht. Er sucht die einfachere, herbere Landschaft, in der Brachts majestätische Baumschläge und die dekorativ geballten Wolken sich gleichsam schlichter geben. Er sucht und findet sie. Noch als Studierender entdeckt er 1903 den Dresdner Heller für sich, für seine Malerei. Es ist die scheinbar karge Landschaft, in der später seine Meisterschaft reifte.

Im Sommer 1906 verläßt er die Akademie – nun ist er Maler. Der große Traum ist erfüllt. Aber das Leben ist nicht leicht. Er schlägt sich kümmerlich durch. Als Malgebiet erwählt er sich die Muldenlandschaft um Siebenlehn, Reinsberg und Biberstein. Außer den Motiven für seine Malerei ziehen ihn zarte Fäden in das alte Studiengebiet – in Siebenlehn fand er die Gattin. Außer in der baumreichen Muldenlandschaft findet er seine Motive im Kamenzer Teichgebiet, um den Deutsch-Baselitzer Großteich, der Hegenbarths bevorzugtes Studiengebiet war. Es ist die Zeit der »Elbier«, denen zusammen mit Ufer, Dorsch, Fritz Beckert, Bendrath, Hegenbarth, Wilkens, Georg Erler auch Altenkirch angehört. Seine Kunst geht nach Brot. Es ist trotz mancher Bildverkäufe ein so karges Brot, daß Altenkirch nahe daran ist, der Kunst Lebewohl zu sagen und wieder auf die Bockleiter des Stubenmalers zu steigen.

In jenen kritischen Tagen kommt ihm der Zufall zu Hilfe. Altenkirch hilft dem Maler Georg Erler bei der Herstellung der Dekorationen für ein Fest des Dresdner Alpenvereins. Sein handwerkliches Können, die Vertrautheit mit dem Material, der Leimfarbe, kommt ihm dabei zustatten. Und als Erler der freigewordene Posten eines leitenden Theatermalers der damaligen Hoftheater angeboten wird, verweist er auf Altenkirch, der für diese Aufgabe alle Voraussetzungen mitbringt: künstlerische Berufung und handwerkliches Können. Graf Seebach, der damalige Intendant, und Geheimrat Dr. Adolph, der zu jener Zeit in der Theaterleitung tätig war, sahen, was Altenkirch konnte. Altenkirch selber traut sich nicht recht. Die Bescheidenheit des Malergesellen hemmt ihn. Graf und Geheimrat – vor den Trägern solcher Titel wird er schüchtern. Er schreckt vor dieser ihm ganz und gar nicht vertrauten Welt, vor ihren Formen, die ihm nicht geläufig sind, fast noch stärker zurück als vor der Aufgabe selbst. Aber Geheimrat Adolph handelte, und ehe sich's Altenkirch eigentlich versah, hatte er den unterzeichneten Vertrag schon in der Tasche. Nun war er Leiter des Malsaales der Königlichen Hoftheater mit einem Gehalt, daß ihm, dem ewig Darbenden, unermeßlich erschien.

Anfang 1910 trat er sein Amt an. Zehn Jahre lang hat er ihm vorgestanden, und in diesen zehn Jahren sind schier unzählige Dekorationen aus dem seiner Leitung unterstellten Malsaal hervorgegangen. Von ihm stammten nicht nur die Entwürfe. Er legte als erfahrener, mit dem Handwerk vertrauter Praktiker der Leimfarbentechnik selbst Hand an und mancher Rundhorizont trägt den unverkennbaren

Stempel seiner künstlerischen Arbeit. Es sind landschaftliche Kolossalgemälde – der Prospekt im Rheingold mit der Götterburg auf steilem Felsen ist zweiundzwanzig Meter hoch und sechzig Meter breit.

Die Periode der Theatermalerei ist ein Abschnitt in Altenkirchs Schaffen, dem gerecht zu werden auf diesem knapp bemessenen Raum gar nicht möglich ist. Sein Name bleibt für immer verknüpft mit jener Epoche der Dresdner Theater, die die Ära Graf Seebach-Zeiß war. Und noch lange wird der erdfrische Duft seiner Flußlandschaft zu Fausts Osterspaziergang, die sonnige Weite seiner Böhmerwald-Landschaft in Shakespeares Wintermärchen, die prachtvollen Wartburg-Prospekte im Tannhäuser, die märchenhafte Gralsburg im Parsival, die in aller Pracht des Winters prangende Waldlandschaft in Humperdinks Königskindern, die riesigen Szenerien im Ring der Nibelungen – um nur einige der unzähligen Dekorationen von seiner Hand zu nennen – die Besucher der Oper und des Schauspielhauses entzücken.

In diese Zeit seines Schaffens, das ihm 1917 den Professorentitel als verdiente Ehrung eintrug, fallen Studienreisen nach Süddeutschland, in die Schweiz, nach Italien und Norwegen. Aber es geht ihm wie Ludwig Richter: von allen Reisen bringt er nur das geschärftere Auge, die vertieftere Liebe zur heimatlichen Landschaft mit, deren intime Reize zu malen er nie müde wird. Immer wieder stellt er seine Staffelei vor die Birken und Kiefern des Dresdner Hellers, vor den Waldhängen und Wasserspiegeln des Muldentals auf. Daß er »bedeutendere« Landschaften sah und erlebte und sie auch künstlerisch für seine Theaterdekorationen bewältigen mußte und doch den Kiefern und Birken, den Sanddünen und Ährenfeldern, den Eichen und Gemäuern, den hohen Himmeln und stürmenden Gewölken seiner Hellerlandschaft treu blieb, zeigt, wie tief seine künstlerische Liebe im heimatlichen Boden verwurzelt ist. Alle Reisen in die Ferne vertieften diese Liebe, die nun in anderem Lichte steht als sie stünde, wenn Altenkirch nie über die windzerstreuten Sanddünen seines Hellers hinausgesehen hätte.

Als er 1920 von der Leitung des Theatermalsaales zu-

Am Dorfgarten Siebenlehn

rücktrat, zog er sich nach Siebenlehn zurück, in die Heimat seiner Gattin und in jene Landschaft an der Mulde, in der er immer wieder starke Anregungen für sein künstlerisches Schaffen findet. Hatte ihn die Theatermalerei in seiner künstlerischen Entwicklung insofern gefördert, als er seiner Kunst nicht das tägliche Brot abzuringen brauchte, sondern ohne Sorgen das schaffen konnte, wozu es ihn künstlerisch trieb, so befreite ihn der Rücktritt nun in seiner Reife von beruflichen Bindungen. Er konnte sich nun völlig seiner Landschaftsmalerei widmen, die sich längst die Aufmerksamkeit ernsthafter Kunstfreunde erworben hatte. Als er nach Siebenlehn ging und seine Staffelei um Reinsberg und Biberstein aufstellte, sagte er sich aber nicht von den Birken und Kiefern der Hellerlandschaft los. Immer wieder kehrt er seitdem für kürzere oder längere Zeit nach Dresden zurück, um »auf den Heller« zu gehen und zu malen, umgeben von der kleinen Welt, in der er die kleinen Birken zu großen Birken und die Schulmädchen aus der alten Kaserne zu jungen Müttern hat heranwachsen sehen. Und dort, unter den einfachen Leuten dieses abgelegenen Lebenskreises, kennt man den Professor Altenkirch so gut, wie er die rissigen Stämme der alten Schatzeichen und die schlanken Kiefern des Trompeterwäldchens kennt.

Das ist sein Weg, der Lebensweg eines Meisters, der sich aus kleinbürgerlicher, fast proletarischer Herkunft zäh und zum guten Teil aus eigener Kraft zum Künstler von Ruf und Geltung heraufgearbeitet hat. Es ist der Weg, der ihn immer wieder und schließlich für dauernd in die sächsische Landschaft zurückführt, in der in fleißiger Arbeit und in schier unübersehbarer Folge seine Bilder entstehen. Er malt sie mit den Mitteln einer reifen Kunst. Seine Bilder zeigen noch in jedem Quadratzentimeter tüchtiges handwerkliches Können. Sie sind Zoll um Zoll gediegene Malerei. Der alte Schadow pflegte seinen Schülern auf die Frage, wie sie malen sollten, zu antworten: »Setzt die richtigen Farben auf den richtigen Fleck.« Darum allein handelt es sich bei der Malerei. Und diese Kunst beherrscht Altenkirch mit einer Selbstverständlichkeit, die den kritischen Betrachter entzückt. Meisterhaft ist seine Beherrschung der Luft. Sie umspielt alles Dargestellte auf seinen Bildern und gibt ihm die körperliche Erscheinung. Sie wird selbst zur Erscheinung. Sie rieselt durch das Goldlaub herbstlicher Birken, sie zittert über dem Sand in heißer Mittagssonne, sie liegt als feiner duftiger Schleier über der Ferne und hüllt kahle Bäume an trüben Tagen in melancholischen Flor. Über morgenkühlen Wasserspiegeln steigt sie als silberner Atem auf und zwischen den feuchten Stämmen stimmungsschwerer Tauwetterlandschaften dampft sie als weicher Brodem. Wundervoll, nur in der Reproduktion leider nicht wiederzugeben, glitzert die geradezu kristallisierte Luft im Geäst der vom Rauhreif verzauberten Bäume. Man denkt an Alexander von Villers schönen Satz: »Die Sonne wäre außerstande, den dichtesten Busch im Walde so innerlich zu beleuchten, wie dieser Staub des Himmels es mit seiner weichen Ruhe vermag.«

Ebenso meisterhaft wie Altenkirch den Zauber des Lichts und der Luft bezwingt, ist die Sicherheit, mit der er sein Bild aus dem großen Raum der Landschaft herauslöst. Es ist nie ein Zuviel und nie ein Zuwenig. Immer gibt er ein in sich beruhendes Bild. Das ist nicht leicht. Liebhaberphotographen wissen davon zu erzählen, wie oft eine Aufnahme sie enttäuschte, weil sie noch nicht den richtigen Bildausschnitt zu finden verstanden. Altenkirch zählt zu den Malern, die uns Schönheit noch im einfachsten Stück Natur überhaupt erst sehen lehren. Oder ist es nicht überraschend, wie schön ein morastiger überschwemmter Weg, in dessen Tümpeln blauer Himmel und herbstliche Birken sich spiegeln, auf einmal sein kann, wenn er ihn uns zeigt?

Mit diesen Fähigkeiten vereint sich in Altenkirch jene malerische Phantasie, unter der Liebermann die den malerischen Mitteln am meisten entsprechende Auffassung der Natur versteht. »Je ausdrucksvoller durch die Form oder durch die Farbe oder durch beides zusammen der Maler sein inneres Gesicht auf die Leinwand zu bringen imstande war, desto größere, stärkere Phantasietätigkeit war zur Erzeugung seines Werkes nötig.« Das heißt also: malerische Phantasie ist die Kraft, die das seelische Erlebnis des Malers mit den Mitteln seiner Kunst sichtbar macht und in uns ein gleiches Erlebnis wachruft. Es ist die Übertragung der Seele des Künstlers in sein Werk. Er gibt uns, was ihn bewegte, und es bewegt uns. Sein Werk berührt unser Innerstes nicht, wenn der Maler nicht innerlich beteiligt war, als er es schuf. Der Dichter Hans Bethge schrieb einmal: »Calame hat auf großen Gemälden mächtige Szenerien des Hochgebirges im Aufruhr der Elemente dargestellt, aber unser Herz bleibt kalt dabei wie Hundeschnauze. Cézanne hat auf Bildchen, die nicht größer sind als ein paar Handflächen, einige Äpfel gemalt, und die mystischen Tiefen wehen uns ergreifend daraus entgegen, wir fühlen ein Stück Ewigkeit in überirdischem Glanz.«

Altenkirch malt die heimatliche Landschaft, wo sie am schlichtesten ist. Schlicht und still wie er selbst. Er malt die tragische Einsamkeit knorriger Kiefern unter stürmenden Himmeln, das Spiel der Sonnenlichter unter sommerlich sausenden Linden. Er malt das Erschauern, die reglose Unergründlichkeit eines Teiches im Waldschatten, die blanke Spiegelung herbstlicher Birken in den Tümpeln eines überschwemmten Weges. Er malt den Durchblick in blaue Fernen im Rahmen einiger Stämme, die zarten Versprechungen eines Vorfrühlingstages im Flußtale, den zitternden Glanz eines Sommermorgens unter weißen Wolken. Er malt die stille Sommerlegende eines Sandweges zwischen blühenden Heideteppichen, die graue Melancholie einiger herbstlicher Obstbäume an einsamer Landstraße. Er malt die prangende Pracht des Winters und die dunklen Wolkenberge eines Gewitterhimmels. Das alles malt er als Impressionist. Seine Bilder geben schlicht ein Stück schlichter Natur ohne tiefsinnige Philosophie. Und dazu spricht aus seinen Bildern tiefes inneres Erleben. Er malt keine Bilderrätsel, mit denen der Betrachter ohne fremdwortreiche Erläuterung ihrer mysteriösen Bedeutung nichts anzufangen weiß. Er malt ganz einfach den Baum, die Straße, den Teich, den Sand, den Schnee. Auch der einfache, voraussetzungslose Beschauer findet in seinen Bildern die Welt wieder, in der er selber lebt. So sind Altenkirchs Bilder gemeinverständliche Kunst und sie sind auf ihre Art und in ihrer künstlerischen Sprache dem schlichten Empfinden so wenig fremd wie die Bilder, die van Gogh meinte, als er sich vornahm, Bilder zu malen, die den Matrosen gefallen sollten.

Altenkirch malt Baum und Straße, Teich und Schnee. Aber er gibt mehr. Ihm ist es weder um das photographisch getreue Abbild noch um die Darbietung artistischer Künste zu tun. Er gestaltet mit den Mitteln seiner Kunst jenes tiefere Erlebnis, das uns die heimatliche Natur noch in ihrem bescheidensten Winkel lieben läßt. Er hat den innigen Zusammenhang der uns umgebenden Natur mit uns selber erfaßt. Und auch der einfache Beschauer seiner Bilder empfindet das tiefere Erlebnis, das in diesen Bildern sichtbaren künstlerischen Ausdruck gefunden hat, das Erlebnis des seelischen Verbundenseins, das uns noch in jedem Baum ein verwandtes Sein ahnen läßt.

Altenkirchs Hellerlandschaften zeigen, wie unendlich viele, unendlich feine Reize in einer Landschaft verborgen liegen, die als reizlos geschmäht und gemieden wird. Spaziergänger, die die »Wüste« des Hellersandes mißmutig und eilig überwinden, wundern sich über den Maler in farbenbekleckster Jacke, der da seine Staffelei vor einem fahlgelben Sandstrich mit einer zerzausten Birke und einer

Wolke darüber aufstellt. Sie ahnen nichts von der Schönheit der anonymen Landschaft, die gar nicht berühmt ist, die erst Maler für sie entdecken müssen und die ihnen nun vor einem Bilde aufgeht. Sie verdanken einem Künstler die Offenbarung, daß die Heimat auch noch in ihrem unberühmtesten Winkel schön und liebenswert ist. Und wenn man die Maler nennt, die uns die Augen für die Schönheit der heimatlichen Erde geöffnet und geschärft haben, wird man immer auch Otto Altenkirch nennen und ihm danken müssen.

Stolpen

Stolpen

Leichte Kälte am Morgen, verschleiertes Silberlicht hinter fließendem Nebeltüll und eine dünne, biegsame Frosthaut über der weichen Erde in den Gärten, in denen die ersten Schneeglöckchen blühen – das ist das rechte Wanderwetter für die Landstraße.

Eine der schönsten und doch einsamsten (auch darum: schönsten) Landstraßen, die ich dahier kenne, ist die, die von Dresden nach Stolpen führt. Mit der Straßenbahn fährt man nach Weißig. Von dort an fühlt man die Lust, dieser Straße zu folgen, schon beim ersten Schritt.

Breit zieht sie dahin. Anfangs durch vorfrühlingsbraune Wiesen und Felder, vom Zuge der Weißiger Hügel mit ihren Wäldchenhauben und von der fernen Waldmauer der Dresdner Heide begleitet. Dann durchschneidet sie knapp an seinem Rand den großen Carswald. Dahinter steigt sie vollends hinauf auf die Lausitzer Hochebene. Und um Stolpen verzweigt sie sich sternartig. Auf der Karte sitzt das Städtchen wie eine Spinne im Netz und verknotet die Straßen nach Dresden, nach Radeberg, nach der Lausitz, nach Böhmen, nach der Sächsischen Schweiz, nach Pirna.

Eine gute Strecke lang hat die Straße eine gelbe Farbe, so daß noch an trüben Tagen ein Widerschein sommerlicher Sonne auf ihr zu liegen scheint. In der Erinnerung leuchtet dieses warme Gelb so lebhaft nach, daß man glaubt, es habe einen während des ganzen Marsches immerfort begleitet.

Während man so dahinschlendert, in einem kommoden Wanderschritt, seinen eichenen Stock schwingt und es auf eine Stunde mehr oder weniger nicht ankommen läßt, gedenkt man früherer Marschfreuden auf dieser Straße. In blütengeschmückten Frühlingstagen am Morgen, wenn durch den sonnigen Carswald der Vogeljubel schallte. An Sommerabenden, wenn die Welt in bunten Lichtern schimmerte – der feine Sand sprühte auf der Talfahrt unter den prallen Reifen des Fahrrades, und die Radkette klickte leise.

Und an andere Lüste denkt man.

Solche Straßen ritt man im Trabe. In geteilter Kolonne auf dem weichen Saum hart am grünen Graben. Der Kolpak klappte, und das Lanzenfähnlein flatterte. »Es sät der Huf, der Sattel knarrt, der Bügel jankt …«

In die drei Dienstjahre ging man ohne Lust. Und über die vier blutigen Jahre, denen man später entgegenritt, durch die man hindurchritt, decken wir Schweigen in dieser Stunde – ja, das Reiterspiel von damals trug diesen tragischen Schluß schon in sich, hatte nur als Vorspiel und Vorbereitung dazu Sinn. Aber damals – in diesen drei Jahren, trotz allem Widerwillen wider Schnick und Drill, genoß man tief die Lust, am frühen Morgen, in reifen Manöverherbsten, an prallen Sommertagen, im stiebenden Schnee auf guten Straßen durch Wälder zu traben. Und daran denkt man noch einmal im Wanderschritt.

Es ist März, wir marschieren unter einem Silberhimmel, und über unsern Häuptern tirilieren die allerersten Frühlingslerchen.

Die Sonne ist gekommen und hebt langsam die kühlen Schleier von den grünen, braunen und violetten Waldinseln, von den fahlen Wiesenhügeln und den Dörfern, die in der Morgenkühle schauern.

Und dann fallen mit einem Mal alle Hüllen. Der Himmel strahlt blau über dem Wald. In den tiefen Schneisen streben schräge Schattenmauern gegen die Waldwand auf. Licht rieselt durch die Kiefern, spielt tausendfältig auf sprossendem Unterholz, fließt über Schonungen, über braune Heide hin.

Die silbernen Weidenkätzchen schimmern. Mancher Strauch scheint ganz und gar mit dem Kaurimuschelreichtum eines Ugandanegers geschmückt. Und dann, nach langem Schlendern durch Wald und Dorf, steigt die Silhouette der Stolpener Burg über einem Feld auf. Duftig und zart, wie mit Silberstift leise hingewischt, ragen die drei stumpfen Turmzacken und die spitze Nadel der Stadtkirche am Horizont. Man denkt an Laon – so sah man die hochgebaute Kathedrale zum erstenmal in verschwimmender Ferne über den grünen Pikardiehügeln: wie das vierzinkige Kammzeichen der Erzgebirgswanderer.

Der getürmte Berg verschwindet hinter Wäldern, kommt wieder in Sicht, rückt näher, und allmählich gliedert sich die Silhouette lieblich in Burg und Stadt.

Die Turmzinken und Burgreste stehen schwarz und noch im Verfall trotzig über den roten Dächern der Stadt, die sich dichtgedrängt um die Kuppe scharen. Es sieht aus, als habe der Basaltausbruch, der den Berg auftürmte, nachträglich auch die Häuser dieser Stadt ausgeworfen und spielerisch über die Hänge herabgeschoben. Darüber aber, nach einem letzten krampfhaften Ausbruch, blieben die schwarzen Basaltklippen der Burg starr und steil stehen. Den Eindruck macht der Anblick.

Durch ein grünüberwuchertes Tor betritt man die engen, schmucken Gäßchen der Stadt. Sie ziehen in leichtem Bogen um den Berg, dem sich auch der Marktplatz anbequemen muß. Er liegt schräg gegen die Burg hinauf. Alte, gute Häuser mit hohen Steildächern, die stufenweise gegeneinander absetzen, schließen ihn ein. Von der Burg aus gesehen, liegt er wie eine sonnige Stube in der Tiefe. Runde Bäumchen schmücken ihn. Und von Stämmchen zu Stämmchen schwingen sich Ranken, als faßten sich die Bäume mit Händen zum Reigen.

Man sieht gern auf diesen heiter-schlichten Markt hinaus, während man im Gasthaus seine Suppe löffelt. Nur den Ratskeller hat einer gebaut, dem irgendeine schlechte Reißbrettschule den Sinn für den anheimelnden Reiz dieser alten Häuser am Markt verdarb.

Über der Stadt, umwachsen von dichtem Buschwerk, in dem der Frühling sproßt und die Meise pinkt, lagert die Burg. Sie war – denn es sind ja nur noch Ruinen vorhanden – auf den kantigen Basaltgrund erbaut. Überall, zu Füßen der Burg, in steilen Klüften und manchmal auch in den zerfallenen Räumen steht der Basalt in schönen Säulen an. Da und dort ragen sie, vom urweltlichen Feuerdruck auf- und ineinandergepreßt, wie stolze Orgelprospekte. Keusche Schneeglöckchen schaukeln im leisen Wind vor diesem eisenschwarzen Säulenwerk.

Auf schmalen Pfaden geht man um die Ruine herum, klettert auf die alten Gemäuer, steht auf bröckelnden Bastionen, von alten Linden beschirmt, und sieht weit hinaus ins Frühlingsland. Man steigt auf und ab, immerfort gestreift von sprossenden Zweigen, an denen erste grüne Blattflämmchen leuchten. Man beklopft die Mauern, sie klingen wie aus Eisenblöcken gefügt, und ehern sieht dieses scharfkantige Gestein aus. Die Erbauer schlugen einfach die von gigantischen Kräften geformten Säulen in baugerechte Stücke und mauerten sie aufeinander. Nun erinnern die Wände an Bienenwaben. Der Mörtel zeichnet sechskantige Zellen ab, die mit schwarzem, steingewordenem Inhalt gefüllt scheinen.

Dann zieht man am Tor am Griff, und tief drinnen, zwischen kellerkühlen Mauern – so klingt es – schellt eine rostige Glocke.

Der Kastellan führt schon andere Fremde. Also geht ein kleines Mädel mit und zeigt uns die Hallen und die Türme, die Folterkammern und Braukeller.

Frühlingsgras wächst in den alten Burghöfen. Der Himmel blaut hoch über den zerklüfteten Gemäuern, die einst Festsäle und Rüstkammern umschlossen. In den erhaltenen Gewölben blieb der kalte Schauer vergangener Jahrhunderte zurück. Von einem unterirdischen Gelaß, in dem arme Teufel eingekerkert schmachteten, führt ein röhrenartiges Luftloch nach außen. Den vorderen Stein haben die klammernden Hände der Gefangenen marmorglatt poliert. Sie kletterten aus der dumpfen Tiefe da herauf, gierig nach einem matten Schimmer des Lichtes, einem Hauch freier Lüfte. Man fühlt den Stein an. Er ist leblos und glatt wie fremde, totenstarre Haut. Man meint, noch das verzweifelte Gleiten der Hände, die vor Jahrhunderten in diesem Loch vermoderten, zu spüren und zieht die Hand weg.

Das kleine Mädchen im schwarzen Konfirmationskleid geht nebenher und erklärt mit singender Stimme. Sie deutet auf das Säulengefüge des Basalts und sagt: »Stolpen war früher ein feuerspeiender Berg.«

Hinten, im letzten Burghof, gähnt das Rund eines Brunnens. Man hat ihn in den Basalt hineingesprengt. Er ist zweiundachtzig Meter tief. Sein zackiger Schlund klafft wie ein Schacht zur Unterwelt. Das kleine Mädchen bringt Wasser und schüttet es in den Brunnen. Nach zwölf Sekunden schwebt tief, tief aus dem Bereich einer anderen Welt ein geisterhaftes Raunen herauf: dann hat das Wasser, im Fall zu Regen zerstiebt, die dunklen Wässer der Unterwelt schauern gemacht.

Drei Türme der Burg stehen noch. Der Seigerturm, nach der Uhr, dem Seiger, so benannt, und der verfallende Sieben-Spitzen-Turm sind ungangbar. Der dritte heißt der Coselturm nach der Mätresse Augusts des Starken, die hier gefangen saß. In den Gemächern dieses Turmes endete als Tragödie der Roman einer Frau, der als Komödie begann.

Im ersten Akt erscheint und verschwindet ihr Gatte, der Staats- und Kabinettminister von Hoym als ein Kandaules wider Willen.

Mag der Chronist die Komödie erzählen.

»Als der König zu Dreßden angekommen, so suchte er nur seinen Verdruß zu besiegen. Er hielt Gesellschafften, in welchen die Schwelgereyen (teutsch zu reden) ziemlich hoch getrieben wurden. In einer solchen Gesellschafft, die eben damahls aus lauter Manns-Personen bestund, fiel man einst im Gespräch auf die Buhlerinnen, die ein jeder hatte. Jedermann erhub die Seinige und priese lauter Wunder an ihr. Der Hr. von Hoym, Staats- und Cabinets-Minister, der dieser Gesellschafft beywohnete, sagte, er habe keine Buhlerin, allein er habe eine Frau, die er, als eine Buhlerin liebe, und die tausendmal Liebenswürdiger sey, als alle da-

Birkenweg im Mai

von sie solch Wesen machten. Weil ihm nun der Wein den Kopff warm machte, so schilderte er seine Ehegattin so umständlich ab, daß ihm auch der geschickteste Mahler nicht übertreffen sollen. Dem König war bekandt, daß er aus Eyfersucht seine Frau auf ein Land-Gut versteckte, darum sagte er, er glaube nicht, daß das, was er von seiner Frau beybrachte, wahr sey; Er rede wie ein Mann, der kaum 3. Monahte geheyrahtet, und also noch in seine Frau verliebt sey, und wann die Frau von Hoym so schön wäre, als er sagte, so hätte man mehr in der Welt von ihr geredet.

Der Fürst von Fürstenberg behauptete dasselbige und setzte hinzu, er wette tausend Ducaten, daß wann die Frau von Hoym bey Hof erschiene, so würde sie niemand so beschaffen finden, wie er sie beschreibe. Der Herr von Hoym nahm die Wettung an, und der König erbot sich, Schieds-Mann zu seyn. Man nöhtigte den Hn. von Hoym an seine Gemahlin zu schreiben, sie solle unverzüglich nach Hofe kommen. Auf der Stelle ward ein Bedienter mit dem Briefe fortgeschickt, und damit sich der Herr von Hoym nichts anders besinnen möge, so trunck man ihm so hertzhafft zu, daß der gute Mann nicht wußte, wo er war. Man ließ ihn endlich wegtragen, und auf sein Ohr legen. Den andern Tag war er nicht wenig bestürtzt, als er beym Erwachen seine Frau ankommen sah. Es reuete ihn genug, daß er sie kommen lassen, ja er hätte sie auf der Stelle zurückgeschickt, wenn er nicht gefürchtet, man möchte ihn gar zu sehr mit seinen Eyfersucht auslachen.

Weil die Königin damahls in Dreßden war, so machte die Fr. von Hoym ihre Aufwartung bey derselben. Der König und die übrigen, die die Wettung eingegangen, befanden sich bey der Königin, und musten gestehen, der Herr von Hoym habe nicht zuviel gesprochen, indem er die Schönheit seiner Gemahlin gerühmet. Der König verdammte also den Fürsten von Fürstenberg, die tausend Ducaten zu bezahlen. ›Ich sehe wol (antwortete der Fürst im Schertz) ich muß mich entschliessen die Geigen zu bezahlen, wenn Ew. Majestät tantzen wollen.‹ Der König hatte den Fürsten lieb, drum sagte er zu ihm: Er solle nur die tausend Ducaten an den Herrn von Hoym entrichten und zehen tausend von seinem Zahlmeister dagegen in Empfang nehmen. Der Fürst küßte ihm die Hand, und danckte demselben für seine Gnade. Er bezahlte seine Schuld, und empfing dagegen das Geschencke des Königs.«

Die Frau von Hoym war keine Rhodope und tötete sich nicht. Sie ließ sich von ihrem Gatten scheiden und wurde die Mätresse des Königs. Fortan nannte sie sich Gräfin von Cosel. Ihre Briefe unterzeichnete sie als Madame de Cossell.

Ihr Bild zeichnet der Chronist:

»Sie hatte ein längliches Gesichte, eine wohlgestalte

Nase, einen kleinen Mund, vollkommen schöne Zähne, grosse, schwarze, blitzende und spitzfundige Augen, alle ihre Züge waren zärtlich, ihr Lächlen reitzend und vermögend die Liebe in den innersten der Hertzen zu erwecken. Ihre Haare waren schwartz, Schooß, Busen, Hände und Arme treflich gebildet, die Farbe ungemein natürlich, ordentlich aber, weiß und roht. Ihre Leibes-Bildung konte als ein Meisterstück angesehen werden. Ihre Minen waren majestätisch, und sie tantzte in der grösten Vollkommenheit.

Ihre Gemühts-Beschaffenheit war nicht allerdings so trefflich. Sie hatte einen lebhafften und schertzenden, aber nicht so gründlichen Verstand. Sie war nicht eben gar zu aufrichtig, nicht immer einerley gesinnet, höflich gegen die, von welchen sie glaubte, daß sie die Hochachtung, die ihr, ihrer Meynung nach, ausserordentlich gebührte, vor sie hegten, ungemein trotzig, gegen die, so sich ihr zu widersetzen unterstunden, eigennützig, doch dabey freygebig und erkänntlich vor erzeigte Wohlthaten. In ihrer Rache unversöhnlich. Was sie wolte, muste geschehen, und gleichwol wolte sie nicht allezeit das Beste.«

Neun Jahre lang trotz allen Zwischenspielen behauptete sie sich in der Gunst ihres königlichen Geliebten.

Dann wurde sie ihm lästig. Und da sie ein geheimes Schriftstück, in dem sich der König verband, sie im Falle des Todes der Königin an ihre Statt zu erheben, nicht herausgab, nahm er Rache.

August der Starke war kein Alltagsmensch. Damit, daß der Sachse ihn wegen seiner legendären dreihundert Kinder bewitzelt, ist seine Bedeutung nicht erschöpft. Dresden wäre ohne ihn nicht das Dresden, das wir lieben. Das nur nebenbei.

Außergewöhnlich wie alles, was er tat, war seine Rache. Er setzte die Gräfin Cosel in diesem Turm gefangen.

Neunundvierzig Jahre hat sie dort verbracht.

Ein Speisezimmer, ein Wohnzimmer, ein Schlafzimmer, im Turme übereinander gelegen, durch eine steinerne Wendeltreppe miteinander verbunden, waren ihre Gemächer.

Ein enges Viereck im Burghof war ihr Spazierplan.

Über ihrem Schlafzimmer, zuoberst im Turm, lag die Wachtstube der Soldaten. Um diese herum läuft ein schmaler Wandelgang. Dort ging sie rundum. Durch kleine Fensterchen sieht man hinaus in die weite Landschaft. An klaren Tagen überblickt man ganz Sachsen – die Grenzen ahnt man am Horizont.

Durch diese Fenster sah die Gefangene hinaus in die Freiheit. Neunundvierzigmal zog der Frühling, der Sommer, der Herbst, der Winter über diese lieblichen Berge. Neunundvierzig Jahre lang ging da täglich die Sonne auf und unter über Wäldern, Feldern, Dörfern, über blitzenden Bächen und weißen Straßen, die die Sehnsucht wecken.

Der Besucher, der die Steinfliesen der kleinen Zimmer betritt, findet die Räume mit dem freien Fensterblick nach vier Seiten hinaus reizend – da möchte er wohnen.

Aber ein halbes Jahrhundert lang? Als Gefangener? Mit der quälenden Sehnsucht nach dem sommerlichen Staub dieser schimmernden Straßen?

Machte nicht die Pracht der Landschaft draußen, die jetzt der Abendschein rosig überschleiert, die Gefangenschaft erst recht zur Qual?

Vielleicht hat die Frau die Jahre in trotziger Haltung ertragen.

Sie starb, achtzig Jahre alt, als Gefangene in diesem Turm. Ein Bericht sagt: Sie starb in äußerlicher Unsauberkeit.

Der Roman, der als Komödie begann, endete als Tragödie.

Im hinteren Burgeck, im Schatten zerbrochener Mauern, die einst eine Kapelle überwölbten, liegt im Grase eine Steinplatte mit einem gemeißelten Kreuz darauf. Dort hat man die Frau begraben. Als man das Grab wiederfand, nahm man einen angemoderten Fetzen ihres Kleides und einige morsche Splitter ihres Sarges heraus. Sie liegen oben im Turmzimmer als Reliquien unter Glas.

Um das Grab zwitschern die Meisen.

Anna Konstanze Gräfin von Cosel, geborene Brockdorf aus Depenau in Holstein, geschiedene von Hoym.

Vielleicht war sie ein Luder. Was wissen wir von denen, die vormals waren. Neben mir steht ein Mensch, dem ich verbunden bin und schaut mit mir auf das Grab, schaut in die abendfeierliche Landschaft hinaus. Was geht in dieser Minute hinter dieser Stirn vor? »Ob wir allein, ob wir zusammen wandern, gilt Goethes Wort: Was weiß ein Mensch vom andern.«

Was wissen wir von den Toten.

Was wissen wir von der Toten unter dieser Steinplatte. Vielleicht war sie ein Luder – gleichviel. In diesem Turm saß sie gefangen – neunundvierzig Jahre lang.

Als wir zum Bahnhof schritten, dunkelte die Burg auf ihrer Höhe. Wir sahen sie, umrahmt vom zärtlichen Gezweig uralter Linden, die das schräge Feld säumen.

Und als der Zug abfuhr, schwamm die Burg als schwarze, starre Klippe über den nächtlichen Schattenfluten, die das Tal füllten, schwamm zurück und entschwand.

Meißner Farbenspiele

Meißen. Blick über die Elbbrücke

Meißen muß man schluckweise genießen. Die Stadt, der Dom, die Burg, die Freiheit davor – jedes will für sich genommen sein.

Einmal, an einem Sommertage, schlendert man durch die Stadt, in der der italienkranke Ludwig Richter seine Heimat wiederfand, und sucht alle Anmut auf, die es da gibt. Und dann sitzt man am Abend in einer ganz kleinen Wirtschaft unten am Strom unter Bäumen, ißt frische gebackene Elbfische und sieht dabei zu, wie die lebendigen Brüder der Gebackenen in der abendglatten Flut mit Silberblitz und leisem Planschen schnellen – morgen vielleicht werden sie gebacken verzehrt. Aber heute leben und springen sie noch.

Es riecht nach Wasser und Akazienblüten und Dampferrauch.

Ein andermal steigt man in einer Winternacht ganz allein die beschneiten Stufengassen hinauf zur Burg. Unten liegt die Stadt, ungewiß in der Schneedämmerung der Nacht, wie ein unbegreifliches Gebilde aus schwarzem Gestein und bauschiger Watte – oben steigen die Türme des Domes über das dunkle Gemäuer der Burg in erhabene Einsamkeiten auf.

An einem Septembermorgen sahen wir die Stadt zärtlich verklärt.

Wir saßen auf der kleinen, von Mauern eng umschlossenen Terrasse des Domkellers – vier Tische und ein Baum haben dort gerade Platz.

Unter uns lag die alte Stadt – ein Geschiebe roter Dächer und brauner Flächen. Das rieselnde Herbstlicht hing violettbraune Schleier dazwischen. Darüber stand der feste graue Turm der Stadtkirche mit grüner Haube – wie ein Soldat im Helm, mit einem Buschen dran, denn da grünt jahraus, jahrein irgendein Gesträuch im Kübel oben auf dem Rundgang des Turmes.

Dahinter, von Rauchschleiern überwallt, im blauen Vormittagsschatten ins Ungewisse aufgelöst, lagerte der Bergzug als wolkige Laubwand.

Durch einen Kirschbaum blitzt die Elbe. Rechts steigt die Stadt durch grüne Gärten bergan.

Die enge Burgstraße schmiegt sich mit beinahe koketter Biegung als tiefer, blauer Schattengraben in das Gewoge von Rot und Braun und Blau und Grün und Rauch und Licht und Sonne. Ein Schützentrupp marschiert die Gasse herauf. Ein blaues Fahnenband flattert ins schräg einfallende Licht und sinkt in den Schatten zurück – wie ein blauer Vogel, der das Licht durchflog.

Hoch über allem steht der Dom.

Dom – das Wort malt den Klang voller Glocken und das weiche Dunkel hoher Wölbungen. Hier aber umschließt die feierliche Gotik des dunklen Gesteins, an der die Jahrhunderte gebaut haben, eine lichte, heitere Festlichkeit.

In der Grabkapelle, die man durch das Westportal betritt, schweigt noch klare, fast nüchterne Feierlichkeit. Wand und Gewölbe strahlen in weißer Kühle. Edle Bronzeplatten decken die Fürstengruft der Wettiner.

Ein Portal – das eigentliche des Doms – wölbt sich prunkvoll. Über dem Spitzbogen steigen die Apostel mit frommen Gebärden zum segnenden Gott auf. Kleine Engel wimmeln ihnen zu Füßen. Und darüber, auf den fünfzehn zierlichen Spitzen der Baldachine, löst ein aufschwebender

Reigen holder Engel mit goldenen Flügeln die Gebundenheit des Steins in anmutige Leichtigkeit auf.

Tritt ein – über dir entschwebt licht und zart und wolkenleicht der Raum.

Es ist nicht die mystische Walddämmerung, die im Kölner Dom die dunklen Schleier um dich schlägt. Weiß, klar, perlig schimmern hier die Wände – sie scheinen den Raum wie feine, glatte Tücher nur zu umhängen. Schlank und leicht und in weich beschatteten Profilen steigt das taubengraue Pfeilerwerk auf, verzweigt sich in den Gewölben in biegsamen Wedeln und rinnt und rieselt von oben in sich zurück und herab durch den Raum, den das Licht der klaren Fenster durchströmt und fast in wolkigem Duft zergehen läßt.

In der Tiefe, schlicht und schmucklos auf die Steinplatten gestellt, reiht sich das Gestühl in einem veredelten Englischrot, das wie fester Tubaton den klingenden Aufschwung des Raumes unterlegt und am Altar und im Orgelgehäuse kraftvoll widerhallt.

Schimmerndes Weiß, sanftes Grau, kräftiges Rot – dieser Dreiklang gibt dem Raum die wohltuend feierliche Heiterkeit.

Am Lettner entfaltet sich der Dreiklang zur farbigen Harmonie stumpfroter, blauer, grüner und gelblicher Töne. Goldne Lichter blinken, sparsam da und dort hingetupft. Alles ist ein wenig verblichen, alles von edler Dämpfung. Nur die heraldischen Farben der Wappen klingen bestimmt auf: ein leuchtendes Rot, ein blankes Silber, ein strahlendes Blau – wie im Orchester einmal ein Flötenläufer, ein Hornton, ein Harfenklang über das sanftere Gewoge der Harmonie hinausschwingt und wieder sich mit ihm verschmilzt.

Im Hohen Chor faßt sich der farbige Klang des Schiffes zur geschlossenen und schließenden Steigerung zusammen. Graue Wände steigen auf. Die Rippen und Kehlen rinnen sommergrün, kornblumenblau und rot vom enggebundenen Gewölbe nieder. Unten nehmen die Arkaden diese Farben auf und reihen sie in der perspektivischen Verkürzung zu einem bunten Gitter aneinander. Altersbraunes Chorgestühl gibt den dunkleren Grundklang. Die

Glasmalereien der hohen Fenster breiten farbiges Geleucht über alles. Und steht man am Hochaltar und schaut über den Lettner hinweg in das Schiff zurück, so scheint das Schwingen und Fließen der Rippen und Pfeiler und Wölbungen als rauchleichtes Gewölk im milchfarbenen Licht zu schweben.

Wie in einem Garten, in dem Stein, Glas, Holz zum Blühen kamen, zweigt überall das pflanzliche Leben heraus, das ein verschollener Bildhauer aus dem Stein zauberte. Ein Meister der Naumburger Schule meißelte diese Blätter, die ihr steinernes Sein zu vergessen und zu atmen scheinen, wie Pflanzen atmen. Vielleicht war es derselbe Gestalter, der die steinerne Botanik des Naumburger Doms aufleben ließ.

Und auch sein Bruder von der Zunft schuf – vermutlich – hier, dessen Stifterstatuen der köstlichste Schatz des Naumburger Doms sind. Vielleicht ging er von der Elbe an die Saale, um dort sein Meisterwerk zu vollenden, das er hier begonnen hatte. Im Meißner Dom tragen die Statuen im Chor den Zauber seines Meißels. Und ist es in Naumburg die weltlustige Fröhlichkeit der Regelindis und der edle Ernst Utas, die zum unvergeßlichen Erlebnis werden, so spricht in Meißen die liebenswürdige Hoheit der Kaiserin Editha vor allem zum Beschauer. Die Kaiserin – manche nennen sie Adelheid – steht, dem Kaiser Otto zur Seite, hoch auf einem Konsol, den bunten Fenstern zugewandt und lächelt. Regelindis in Naumburg lacht, heiter und glücklich und ganz weltlich gesinnt – Editha in Meißen lächelt in gewinnender Liebenswürdigkeit. Sie ist die Frau, die um ihre Hoheit weiß und sich nichts vergibt, wenn sie aus ihr sich herabneigt und mit der feinen Geste der erhobenen Hand die Huldigung entgegennimmt, die ihr ein einfältiger Tor darbringt – fast sieht man ihn stehen, demütig gebeugt und seiner Vermessenheit schwer bewußt. Und doch als einer, den es mit der Macht des Herzens vor dieser Frau zur Huldigung drängt. Und sie blickt auf ihn, gütig und dankend. Mit der Linken rafft sie den Hermelin leicht auf – dieser Mantel der Kaiserin ist die unverletzbare Wehr. Er schützt die Frau, die ihn trägt. In seiner Hut darf sie verstehend lächelnd hören, was der Tor da stammelt. Die Kaiserin wehrt ab – aber die Frau hört und dankt. Er geht, gebeugt und beglückt, in die Schranken gewiesen und beschenkt. Und sie sieht ihm nach und lächelt mit leise geneigtem Haupt.

Anatole France hat die köstliche Geschichte vom Gaukler unsrer lieben Frau geschrieben: Barnabé, der Jahrmarktgaukler, trat in ein Kloster ein und wurde Mönch, um fortan der Mutter Gottes zu dienen. Aber er hatte ihr nichts zu geben, denn er verstand nicht wie die andern Hymnen zu dichten, noch Bildsäulen zu meißeln, noch köstliche Bilder zu malen. Da in seiner Not ging er hin und kniete vor der Madonna. Dann stand er vor ihr auf dem Kopf und warf mit den Füßen seine zwölf Messer und sechs kupfernen Kugeln in die Luft und machte der Mutter Gottes alle Kunststücke vor, für die ihm einst auf den Märkten das meiste Lob gespendet worden war. Die Mönche, die ihn dabei ertappten, wollten ihn schlagen. Da stieg die heilige Jungfrau von den Stufen des Altars herab und trocknete mit dem Saum ihres blauen Mantels den Schweiß von der Stirn des Gauklers.

Ich glaube, sie tat es mit dem huldvollen Lächeln der Frau Editha im Meißner Dom.

In der Dämmerung des Querschiffes tut sich eine schwere Pforte auf – draußen liegt ein stiller sonniger Garten mit Fichten und Thujabäumen und immergrünem Gesträuch, hochumschlossen vom dunklen Gemäuer des Doms und umzogen von den steinernen Lauben der Kreuzgänge.

Zwei Perioden, streng gebundene Frühgotik und kühne, großzügige Hochgotik, 13. und 15. Jahrhundert, stehen in diesen Kreuzgängen wie mehrfach im Dom eng nebeneinander und reizen zum Vergleich.

Aber ein anderer Vergleich drängt sich viel stärker, ja heftig auf: ein Blick streift das Gewölbe der Kreuzgänge und bleibt verblüfft haften. Das soll 15. Jahrhundert sein! Diese Perspektive der ineinandergelegten Dreiecke, denen das zerstreute Licht die Weichheit kunstvoll gelegter Servietten einer Festtafel verleiht – wo sah man die!

In Meißen verkauft man ein Büchelchen, einen kleinen, vom Dompfarrer geschriebenen Führer durch den Dom.

Darin ist auch dieser Kreuzgang abgebildet, und er wirkt da in der Fläche eines Bildes noch fabelhafter. Zeigt man einem Uneingeweihten diese Abbildung mit verdeckter Unterschrift und sagt: Sieh, das ist ein Gemälde von Lyonel Feininger – er glaubt's aufs Wort. Feininger, der Kubist, malte diesen musikalischen Rhythmus ineinandergebrochener Flächen, diese ineinanderklingenden und verklingenden Schattierungen. Diese Gewölbe sind aus Stein gefügt – und man denkt an Serviettenkunststücke, an Palmen, an Bananengewächse, die es so gar nicht gibt, an kubistische Malereien, an phantastische Schwebezustände. Malt einer so was, so schütteln die Bürger die Köpfe und sagen: In Wirklichkeit fiele das im Augenblick zusammen – hier steht es, in Stein, und trägt sich seit fünfhundert Jahren.

Und das bauten Werkleute des fünfzehnten Jahrhunderts.

Wie alt ist doch die Welt! Wie jung sind die Menschen!

Auf die Türme steigen wir. In engen Treppenwindungen aufwärts. Über steinerne Plattformen. An schwarzen steinernen Fratzen und Ungeheuern vorüber, die weit vorspringend über Abgründen klammern, vom Wind umweht. Zwischen durchbrochenem Steinwerk führen die Stiegen wie in Gebirgen steil aufwärts – die rotgedächerte Stadt sinkt immer tiefer und die Elbe blitzt in weitgeschwungenen Windungen herauf.

Dann stehen wir oben, vom Wind herzhaft gekämmt, im prickelnden Septemberlicht. Dresden liegt wie eine Glasmalerei weit draußen im Land. Seine Türme kann man zählen – so klar ist der Tag. Dahinter steigen blaue Gebilde wie die Napfkuchenberge eines Schlaraffenlandes auf: der Lilienstein, der Königstein, der Hohe Schneeberg. Und über die schroffe Bruchkante der Elbterrassen hinweg gukken die runden Kuppeln der Lausitzer Berge – fernher grüßende Gipfel einer andern Welt.

Ein solcher Tag verschenkt Glücksgefühle und schüttet Reichtümer in innere Schreine – beinahe bringt man es fertig, das Geld zu verachten, das andere haben. Und wenn man nachher in den malerischen Winkeln um St. Afra herumsteigt und daran denkt, daß hier Ludwig Richter, der

Am Dorfgarten

Mann mit dem Kindergemüt, wohnte und Gotthold Ephraim Lessing als Fürstenschüler aus- und einging, entsinnt man sich zustimmend der Sätze, die der fünfzehnjährige Lessing an seine geldgierige Schwester in Kamenz als Neujahrsgruß schrieb: »Fast jeder wünschet zu dieser Zeit gutes. Was werde ich Dir aber wünschen? Ich muß wohl was besonderes haben. Ich wünsche dir, daß dir dein ganzer Mammon gestohlen würde. Vielleicht würde es Dir mehr nutzen, als wenn jemand zum neuen Jahre Deinen Geld Beutel mit einigen 100 Stück Ducaten vermehrte.«

Er schrieb das in jenem Briefe, in dem er, der Fünfzehnjährige, den bleibenden Satz hämmert: »Schreibe wie Du redest, so schreibst Du schön.«

Hinab zur Stadt.

Im Ratskeller sitzt man in der Dämmerung der braunen Gewölbe. Draußen der Markt im Sonnenschein liegt ein wenig höher – man guckt den Häusern sozusagen auf die Füße.

Es gibt Most. Wolkigen, süßen Most. Er steht himbeerfarben in grünlichen Römern. Man verweilt und faßt den geriefelten Römerfuß wie einen Schwertknauf und denkt: die Stadtkirche, die Tore und Bürgerhäuser, den Franziskanerbau und alle Anmut der Stadt – ein andermal. Meißen muß man schluckweise genießen.

Die Stadt schluckweise und den Most literweise.

Überall in der Stadt hängen Schilder an Wirtshaustüren: Frischer Most. Und alle Menschen, denen man begegnet, kommen einem so mostverklärt vor. Aber vielleicht ist man's selber – angenehm ist das so oder so.

In dieser Stimmung steigt man durch den Stadtpark, an weißen, knapsigen Schneebeeren, schwarzen Ligustertrauben und reifenden Hagebutten vorüber hinauf zur Höhe und entdeckt da oben einen alten, wunderhübschen Weinschank, von dem man bisher noch gar nichts wußte.

Vor dem alten Winzergut wächst ein schräg gekrümmter Apfelbaum. Eine Bank, zichorienblumenblau gestrichen, steht darunter; die in Zacken und Schweifungen ausgesägte Wange der Bank stützt den Baum. Es ist ein reizender Einfall.

Eine grünweiße Fahne weht auf hoher Stange. Ein Strohkranz hängt am Giebel – es gibt Most.

Man tritt ein und beglückwünscht sich zu diesem Abstecher. Denn das da ist die Heiterkeit selbst. Ganz alte Gebäude mit Brettergiebeln und gotischen Vorhangbogenfenstern umschließen von drei Seiten einen kleinen Hof. Die Wände sind warmgelb, das Fachwerk schwarz, die Fenstergewände weiß, Türen und Zaun grün gestrichen. Und auf dem mit gelbem Sand sauber bestreuten Hof stehen zichorienblumenblaue Tische und Stühle. Über das alles breiten zwei alte Nußbäume ihr lockeres, goldgrünes, duftendes Geblätter. Der Wind fächelt darin – Blätterschatten und Sonnenkringel spielen auf dem Gelb, dem Weiß, dem Grün, dem Schwarz, dem Blau. Studentenblumen blühen im Gärtchen. Ein Weinfaß, im Hof aufgelegt, trägt einen Rebenkranz um den dicken Bauch. Im Käfig springen zwei Eichhörnchen. Und zwei Bussarde gucken durch Drahtgitter scheel auf die zahme Dohle, die gravitätisch in der bunten Herrlichkeit des Hofes umherstolziert.

In der alten Weinpresse steht schwarzes Gestühl vor gelblichgrauen Wänden. Himbeerrote Seidengardinchen rahmen die Fenster ein – es sieht aus, als hätte man Most an die Scheiben geschüttet. Und draußen runden sich grüne Hügel.

Man sitzt am blauen Tisch im Freien. Manchmal raschelt eine Nuß durchs Gezweig und fällt zerplatzend auf den Tisch. Ringsum lächelt die Freude.

Mit bunten Fahnen zieht der Herbst über die Berge. Im Park von Siebeneichen hat er Baum um Baum seine wallenden Banner gehißt, und die Wand des Schlosses behängt der wilde Wein mit schweren, roten Samtteppichen. Die Zeit ist da, in der dieser Park am schönsten ist, schöner noch als um Pfingsten, wenn der Rhododendrongletscher zu Tale blüht.

Im Ziergarten vor der Wand dunkelstiller Lebensbäume springt die Fontäne. Ihr verhaltenes Plätschern flüstert wie die verwehende Stimme des Sommers. Der Herbst streut buntes Blätterkonfetti auf die Wege, auf denen der Sommer ging.

Die Elbe leuchtet als Band von blauer Moireeseide zwischen spätbesonnten Wiesen, von dunklen Zackenfichten eingerahmt.

Drüben flammen die Giebel und Dächer von Spaar im Abendlicht. Gesänge schallen aus rotem Laub. Der Herbst kredenzt Most – in einer der nächsten Nächte jagt er den strahlenden Dahlien tödlichen Frosthauch über die Blüten.

Pirna an der Elbe

Pirna

Sonderbar – oder ist es eine Täuschung der Erinnerung? – so oft ich nach Pirna kam, regnete es. Im Sonnenlicht sah ich die Stadt oft, wenn ich sie auf Hin- und Rückwegen flüchtig durchschritt. Kam ich aber nur ihretwegen, regnete es.

In Meißen, dem andern Tor der Elbtallandschaft, besucht man Dom und Burg und trinkt am Ende irgendwo einen Schoppen.

In Pirna spannt man den Regenschirm auf. Das scheint wie ein Gesetz unumgänglich zu sein. So dünkte mich Pirna in stärkerem Maße als Meißen als Stadt am Wasser, als Wasserstadt.

Vor allem aber seit dem Hochwasser des Januars 1920, bei dem die halbe Stadt im Wasser versank.

Ging man damals durch die Straßen, so leckte in allen Gassen von der Elbe herauf der unheimlich gewordene Strom in die Stadt herein. Immer höher schwoll die trübe Flut. Meter um Meter rückte sie vor, nahm gespenstisch wesenhaft, immerfort leise gurgelnd wie in diabolischer Freude von Straßen und Gärten und Häusern Besitz. Die Menschen flohen in höher gelegene Räume, retteten ihre Habe vor dem graugelb wälzenden Wasser, das an den Wänden heraufschaukelte, aus Kellermauern schoß, durch Wohnungen strömte, Treppen sacht, schnell, hämisch rauschend heraufstieg.

Manche Wohnungen überfiel es tückisch schnell. Die Menschen flohen über Dachböden und Leitern. Das Wasser stürzte durch Fenster herein, wälzte über Tische und Sofas hin, löschte Herdgluten, stieg, gurgelte und ließ Töpfe auf gelben Wellen um ersoffene Hängelampen tanzen. Kanapees schaukelten als seltsame Polsterboote auf dem Wasser dicht unter Zimmerdecken. Tische flößten in ersoffenen Räumen traurig umher. Schwimmende Möbel taumelten leise aufeinander zu, stießen in sanfter Karambolage aneinander und schaukelten, melancholisch sich drehend, nach anderen Richtungen auseinander.

In einer überschwemmten Wohnung hing ein Haussegen dicht unter der Decke. Bis herauf an den Christuskopf inmitten des gestickten Segensspruches spülte die Flut. Der dornengekrönte Christus tauchte aus dem Wasser und versank wieder. Tauchte auf und versank – tauchte auf und versank.

Über der spülenden Flut standen gestickt die Worte »Bis hierher hat Gott« – das Wort »geholfen« hatte schon die Flut geschluckt.

In den trocken gebliebenen Straßen standen die Frauen und klagten. Die Männer bauten Laufstege, schlugen Brükken, machten Fischerboote flott. Die Kinder freuten sich.

Feuerwehr bewachte die Laufstege, wehrte Neugierige ab und ließ nur die Bewohner der bespülten Häuser vorüber. »Vertreter der Presse« durften passieren. Die Feuerwehrmänner begegneten ihnen achtungsvoll – das Unglück bekam Bestätigung und Weihe durch die Federn, die darüber in Zeitungen schrieben.

In der Schiffervorstadt zwischen Berg und Strom reichten Laufstege nicht aus. In Fischerbooten ruderten und stakten dort die Bewohner auf dem schiffbar gewordenen Hochwasser zwischen den ertrunkenen Häusern hin.

Aquis submersus – im Wasser versunken. An diesen Titel der Stormschen Novelle erinnerte ein Blick vom Sonnenstein herab auf die überschwemmte Vorstadt. In den trüben Kanälen der Straßen zogen langsam die Kähne dahin, die die Menschen zu ihren Wohnungen brachten. Die Bewohner erkletterten von den Kähnen aus auf Leitern die oberen Stockwerke der Häuser. Durch die Fenster stiegen sie ein.

In der grauen Dämmerung des Winterabends zogen die stummen Charonskähne schattenhaft durch eine Unterwelt, in der alles wirkliche Leben erstorben schien. Und als dann die Lichter in den Wohnungen blinkten und sich dicht unterhalb der Fenster in den wälzenden Fluten spiegelten, war auch das ein gespenstisches, menschenfernes Bild.

Ein Eisenbahnzug donnerte hellerleuchtet auf dem Bahndamm dahin, der, soweit man sehen konnte, die wogende Wasserfläche schwarz durchschnitt. Dem flirrenden Schweife eines Kometen gleich strahlte der Zug eine Weile. Sein leuchtendes Spiegelbild im Wasser entglitt mit ihm. Und wieder verlassen und tot lag die ertrunkene Stadt im Wasser, das sich breit und gurgelnd, an allem Menschenwerk hämisch nagend, durch den Abend wälzte. Und auch am andern Ufer versanken Häuser mit spukhaft erleuchteten Fenstern in der Flut. Dahinter ragten die schwarzen Sandsteinwände der Berge gleich Mauern, aus denen es kein Entrinnen gab.

Unaufhörlich tränte darüber ein grauschwarz verquollener Januarhimmel. Naß zerfließende Flocken taumelten in das gelbe, wälzende Wasser.

Immer an trübnassen Regentagen erinnert man sich dieser Bilder und hat erneut den Eindruck: Pirna ist eine Wasserstadt.

Auch diesmal floß der Regen.

Früh hing über den Straßen daheim ein Himmel, aus dem alles werden konnte. Flockig-wolkig und grau. Unterwegs, auf der Fahrt, sprangen Regentropfen gegen die Scheiben des Eisenbahnwagens und rannen daran herab. Fünf, zwanzig, unzählige. Und als ich in Pirna ausstieg, froren die weißen Blütenkerzen der Kastanien unter dem sprühenden Frühlingsregen. Die Fliederbäume, die an der

Promenade im Kreise stehen, blühten über und über mit üppigen tiefvioletten Dolden, fast ohne Grün dazwischen, aber sie troffen im Regen. Eine Blutbuche mit zartem, rötlichgrünem Laub schimmerte naß. Der schwarz in das lokkere Laub gezeichnete Stamm glänzte lederblank. Eine wilde Sauerkirsche, blühend wie ein Gewölk bauschiger Spitzen, duftete berauschend süß, indes leise und unaufhaltsam ihre winzigen, seidenweißen Blütenblättchen durch den Spritzelregen schneiten.

Dächer, Häuser und Gassen der alten Stadt glänzten stumm unter der kalten Dusche.

Dicht an die Berge gedrückt, am Felsentor der Dresdener Elbtallandschaft und am Ende einer langen, von Dresden her immer dicht an der Elbe hingezogenen Industriegasse liegt das alte Pirna, trotz harten Zeiten, unter denen die des »Pirnaischen Elends« im Dreißigjährigen Krieg die härteste war, in beinahe ursprünglicher Gestaltung erhalten. Gotik, Renaissance, Barock und Rokoko haben an dieser Stadt gebaut. Giebel und Fronten, Portale und Erker der alten Häuser zeugen dafür. Noch im grauen Licht eines Regentages ist diese altersbraune Stadt eine schöne Stadt.

Daß das alte Pirna im Dreißigjährigen Krieg nicht ein Flammenfraß wurde, verdankt die Nachwelt dem wackeren Apotheker Theophilus Jakobäer, der nächtlicherweile der schwedischen Besatzung heimlich entwischte, in einer schlechten Regennacht nach Dresden ritt und bei der Kurprinzessin Magdalena Sybilla einen Brief an den Generalfeldmarschall Banér erwirkte. Der schwedische Knebelbart las den Brief und gab raunzend die Stadt frei – er mußte wohl, denn die sächsische Kurprinzessin war mit dem schwedischen Hofe nahe verwandt.

An den wackeren Retter der gotischen Stadt erinnert eine Inschrift an der Apotheke, die noch dieselbe ist, in der der mutige Jakobäer seine Pillen drehte und Salben rieb.

Es regnete stärker. Ich trat in die mächtige gotische Stadtkirche ein, setzte mich still in eine Kirchenbank, und während die Orgel den schleppenden Gesang der nicht sehr zahlreichen Gemeinde überbrauste, betrachtete ich das kunstvolle Rippenwerk der Decke. Zwölf achteckige, schlank aufstrebende Pfeiler verzweigen sich ohne Kapitelle zum ziervollen Netzwerk im Mittelschiff, zu reich auseinander blühenden Sternen in den Seitenschiffen. Man denkt an Palmen mit gebogenen Wedeln, an Bäume mit schlankem, rhythmisch ineinander geschlungenem Gezweig. Die alte Malerei auf milchweißem Grund schwebt wie lockeres Laub dazwischen. Der Maler hat in vielen phantasievollen Darstellungen den Sieg seiner lutherischen über die katholische Kirche an diese Decke gemalt. In einem der Felder segnet Luther die frommen Schafe zu seinen Füßen, zu Füßen des Heilands am Kreuz, auf den er deutet. Und im Feld daneben fliehen katholische Wölfe mit Bischofsmützen und roten Mänteln verkappt vor Luthers Gestalt. Der Steinmetz aber, der die buntbemalte spätgotische Kanzel schuf, meißelte mancherlei Fratzen in den Stein. Das Gesicht eines Pfaffen ist darunter, der sich mit den Fingern beider Hände den Mund zu einem greulichen Froschmaul breitzerrt.

Der mit reichem Bildwerk geschmückte Altar aus der Zeit der Spätrenaissance steht, über und über von biblischem Leben wimmelnd, schon fast barock unter dem steinernen Palmenwerk des gotischen Meisters.

Eben als der letzte langhin summende Orgelton unter den Steinpalmen entschwebte und der Prediger die Kanzel bestieg, brach durch die bunten Glasfenster ein helleres Leuchten als bisher.

Ich trat hinaus. Es spritzelte nicht mehr. Hinter dem grauflockigen Himmel ahnte man eine Sonne.

Ich schlenderte ohne Plan kreuz und quer durch die gewaschenen Gassen, besah mir Portale, Höfe, Erker, Giebel, dies und das.

Am Rathaus zeigt eine Kugel über der Uhr die Mondphasen an. Sie dreht sich sacht, zeigt die schwarze Neumondhälfte, das erste Viertel, die goldene Vollmondhälfte und das letzte Viertel der Reihe nach, so daß die Pirnaer auch am Tage in den Mond gucken können.

Unter der Uhr halten zwei rote, zungenbleckende Löwen auf goldenem Grund den Pirnaer Wappenbaum, einen Birnbaum, an dessen pilzschirmartigem, grünem Laubdach die Goldfrüchte prangen. Die Wahl dieses Baumes als Wappenzeichen ist ein Unikum, denn wenn auch der Sachse

Zollhausbrücke

nach »Birna« oder gar nach »Bärne« fährt, so hat doch der Name der Stadt, der in seiner alten Form – Pyrna – Zollstätte bedeutet, gar nichts mit dem Birnbaum zu tun. Aber die Stadt führt ihn seit altersher im Wappen und die Löwen halten ihn mit krallenden Tatzen fest. Mit den freien Tatzen winken sie drollig-steif, wenn die Rathausuhr schlägt. Bei den Viertelschlägen hebt der linke würdig-wuchtig die starre Rotpfote, bei den Stundenschlägen tut es der rechte. So kratzen sie wechselseitig, der eine 156, der andere 240 Mal täglich mit roten Tatzen an der Wand lang, blecken die Züngelzungen, halten den Baum und starren wild auf goldenem Grunde.

Im Stadtbild von Pirna ragt neben der wuchtigen Marienkirche und dem graziösen Renaissanceturm des Rathauses der kleine Turm der Klosterkirche in zierlich-bescheidener Gotik. Vom Markt aus findet man das Kirchlein kaum wieder. Ein Schulmädel, das man fragt, zeigt in eine Torfahrt hinein. Dahinter, in einem tristen Hof, eingeklemmt von Häusern, steht die kleine Kirche. Die hohen, zerbrochenen Fenster sind unter Staub und Spinnweben erblindet. Die Fialen des Turms zerbröckeln. Die Klosterkirche ist arg heruntergekommen. Sie dient dem Zollamt als Niederlage. In ihrem grauen Winkel macht sie den melancholischen Eindruck eines geringschätzig beiseite gestellten Möbels. Langsam zerfällt sie zu Gerümpel.

Als die roten Rathauslöwen die zwölfte Mittagsstunde gekratzt hatten und nun eben auch die Kinder aus der Kirche trippelten, kletterte der greise Küster mit auf den Kirchenboden hinauf, der eine Mühe wert ist. Die dünne Ziegelschale des Daches, das steil fast bis zur vollen Turmhöhe aufsteigt, wird von einem riesenhaften Gestühl getragen. Betritt man den Boden und blickt in das Gewirr der sich kreuzenden, tragenden, stützenden Balken hinauf, so glaubt man in einem undurchdringlichen Zimmermannswald zu stehen. Klettert man hinauf bis unter den spitzen First und schaut in die Tiefe, in diese unergründlich scheinenden Abgründe durcheinanderspreizender Balken, so denkt man gleichzeitig an Bergwerke und an die Schiffsdocks großer Werften.

Unterm Sonnenstein, angelehnt an grüne Grasgärten, zieht sich die alte Fischer- und Schiffersiedlung an der Elbe hin, von deren naßbespülten Steinufern leider durch den Bahndamm geschieden. Ehemals, wie aus Dilichs Federzeichnung ersichtlich, lag sie außerhalb der Stadtmauer. Noch heute ist sie ein abseitiges Idyll. Ein kleiner rechtekkiger Platz, der Plan genannt, liegt in der Mitte. Bunte Häuserchen, wie als Vorbilder für Spielzeugschnitzer hingebaut, umschließen ihn wie die Wände eines heiteren Sälchens. An Rebenspalieren sproßt das junge Weinlaub. Über den Türen tun gemeißelte Anker und gekreuzte Fische das Gewerbe der Bewohner kund. Grüner Rasen rund um einen Steinbrunnen bedeckt die Mitte des Plans wie eine weiche Matte. Weiße Wäsche liegt zum Bleichen gebreitet darauf. Stadtwärts bleibt über maigrünen Bäumen Dach und Turm der Stadtkirche sichtbar. Über blühenden Apfelbäumen steht der Sonnenstein auf grüner Höhe.

Das ist die Schiffervorstadt, die in Hochwasserzeiten am

ärgsten zu leiden hat. Es ist die ertrunkene Stadt von damals, in deren Kanälen die Charonskähne fuhren. Überall an den Mauern erinnern Male, manchmal mit einem kleinen Steinbildwerk darüber, an überstandene Überschwemmungsnöte.

Vom Sonnenschein sieht man hinab auf die braune, regennasse Stadt, auf den Strom, auf die Felswände des Elbtals. Die Enge und das plötzliche Zurückweichen der Sandsteinwände betonen die Stadt nachdrücklich als Tor der Dresdner Elbtallandschaft, die geologisch von ganz anderm Charakter ist. Die steinerne Brücke, die Pirna mit Copitz verbindet, trennt noch wirksamer die beiden Landschaften: hier Elbsandsteingebirge – hier das weite Dresdner Bekken.

Steigt man dann von der hinteren Stadt aus über steile Stufen hinauf zur Straße nach Struppen, so erscheint es mit einem Male als ein Irrtum, da von einem Gebirge zu sprechen. Man steht auf einem flachen Plateau. Felder bedekken es, Straßen ziehen gradlinig und eben unter Kirschbäumen darüber hin. Pirna ist verschwunden. Das Elbtal schließt sich. Nur eine in das Plateau eingesägte enge Rinne bleibt sichtbar. Von der Struppener Straße aus, kaum 700 Meter von der steilen Felskante entfernt, würde man da nur das Tälchen eines schmalen Bächleins vermuten, wüßte man nicht, daß in der Tiefe die Elbe strömt. Jenseits der Rinne breitet sich ein ähnliches, ein wenig hügeliges Plateau. Ein Abc-Schütze begreift, daß die Wiesen hüben und die Wiesen drüben eine Wiesenfläche wären, hätten nicht die Elbe und ihre Nebenflüsse schroffe Täler in den Sandstein gesägt und also ein »Gebirge« geschaffen.

Und noch eins wird einem klar, wenn man auf dieser Ebenheit, welche Bezeichnung sich da auch ein Dorf zum Eigennamen gewählt hat, ein Stück dahinwandert. Immer in Sicht stehen die Steine der Sächsischen Schweiz: die Bärensteine, der Lilienstein, der Königstein, der Pfaffenstein, der Papststein. Und man erkennt: mit der Fläche dieser Ebenheit decken sich die untern Sockel dieser Steinkegel. Ihre oberen flachen Platten aber liegen wiederum fast alle in gleicher Ebene. Einmal hingen auch diese Steine zusammen. Sie sind stehengebliebene Reste eines jüngeren Sandsteinmassivs, das über dem älteren, unteren, lag und das im Laufe der Jahrtausende von Wasser und Wind zu einem Gebirge zersprengt und zersägt wurde.

So stiefelt man sich in einer halben Stunde ein ganzes Stück Geologie zusammen. In drei Wandertagen mitten in den Schluchten, Steinen, Toren und Kegeln der Sächsischen Schweiz wird einem ihre Entstehung nicht so greifbar klar wie in dieser halben Stunde unter der Kirschbaumallee der Ebenheit über Pirna.

Die nassen Bäume schüttelten sich im Winde, daß die Tropfen auf den Hut trommelten. Und wie dadurch geweckt, begann auch der leidige kalte Regen wieder zu sprühen.

Zwischen Felswänden stieg ich auf glitschigen Steinstufen hinab zum Elbdörfchen Vogelgesang, dessen Häuser von oben gesehen unter den rosigen Blütenschleiern der Apfelbäume wie artige Taufkinder guckten.

Die Elbe macht dort eine rechtwinklige Biegung. So schließen, stromaufwärts gesehen, die Berge das Tal zu einer tiefen grünen Wanne ab, in der die Elbe fast wellenlos strömt. Millionen Regentropfen schlugen in den schauernd gerillten Wasserspiegel Millionen kleiner, tiefer Narben. Es sah aus, als fröre die Elbe unter der märzkalten Dusche im Mai. Aber die grünen Berge hinter dem Silbertüll des Regens sahen wundervoll aus.

Da eben ein Dampfschiff um die grüne Uferecke bog, ließ ich mich im kleinen Nußschalenboot nach Zeichen übersetzen, betrat dort das Deck des wasserstampfenden Dampfers und machte, daß ich in die Kajüte kam, in der ein geheizter Ofen wie ein unverhofftes Glück empfunden wurde.

Durch die Kajütenfenster sah ich zu, wie das Schiff die Elbe pflügte. Breite, weißkämmige Wasserschollen rauschten über den schauernden Spiegel, den die Millionen Tropfen zerschlugen.

Dann, vor Pirna, stand ich doch auf dem nassen Deck und sah durch das fliegende Regengewebe der braunen Stadt entgegen. Graue Wolken, Regen und Nebel verhüllten die Landschaft hinter der Stadt. Darunter, grau wie der Himmel, die Elbe. Und zwischen Himmel und Strom, hinter dem schwärzlichen Bahndamm, wie auf einer langen, schmalen Mole in ein glattes Meer hinausgebaut, zog sich braun und alt und naß die Stadt zur steingrauen Brücke hin, die den Strom abzuschließen schien.

Die Dächer drängten sich im Regensturm wie eine frierende Herde. Darüber stand steil und hoch ein braunes Zelt, das Dach der Stadtkirche. Der schwärzliche Turm mit stumpfer Schieferhaube duckte sich dahinter.

In diesem grauen Licht, überströmt vom Regen, machte die Stadt den Eindruck einer Nordlandschaft. Man roch ordentlich Fisch, Teer, Wasser. Unter dem braunen Gedränge der gebuckelten Dächerschilde schien sich ein äußerster menschlicher Vorstoß in ein graues, nordisches Meer zu vollziehen.

Und wieder dünkte mich Pirna vor allem als eine Stadt am Wasser, als eine Wasserstadt.

Hundstage an der Elbe

Dresden-Pillnitz

Ein Straßenbahnwagen schleppt sich durch die Glut der Mittagssonne. Die Schienen blenden gleißend. In jeder Kurve quieken sie unter der Last. Die Fahrgäste sitzen apathisch hinter den heißen Scheiben. Die Mädchen ehren den Sonntag mit ihren geschmücktesten Kleidern. Sie sitzen schweigend und lüften da und zupfen dort an den Hüllen. Ein Trost hält sie aufrecht – sie fahren zu irgendeinem »Sommernachtsball«, irgendwohin, wo man Hiawatha tanzt.

Der Glaskasten nimmt stöhnend die Brückensteigung. Unter den feuchtkühlen Jochen hin streicht eine frische Brise. Auf der Brücke brütet die Glut. Die Luft siedet trokken.

Der Strom blitzt, mit Millionen hüpfender Spiegelscherben besät. Der Strand wimmelt von nackten Menschen im Wasser und am Strand, schwimmend in die Flut gewühlt, springend von Strudeln umspritzt, hingestreckt auf den nassen Laufdielen der Badeanstalten, am Strand lagernd, auf dem Rasen um hochfliegende Bälle springend, kribbelnd und wibbelnd. Licht, Luft, Wasser – frisches, kühles Wasser.

Da stehen die Mädchen hinter den heißen Scheiben auf. Sie beneiden die Nackten am und im Wasser. Sie vergehen hingeneigt vor der Lockung des blitzenden Stromes. Sie schnobern wie dürstende Rehe den kühlen Geruch des Wassers. In ihren Mienen regt sich die Lust, die Kleider abzutun, die Schleifchen und die Bändchen, die Hüte mit zitternden Reihern und empfindsamem Chiffon ins spießige Gras zu werfen, den künstlichen Bau der Frisuren zu lösen und das Haar wehen zu lassen im kühlen Fächeln der Brise, nackt zu sein und natürlich zu sein.

Häuser schieben sich zwischen Strand und Brücke. Das wimmelnde Bild entschwindet. Mit einem Seufzer unerlöster Sehnsucht setzen sich die Mädchen auf ihre Plätze, zupfen Tüll und Seide locker. Ein Trost hält sie aufrecht. Draußen vor der Stadt ist Sommernachtsball, irgendwo, wo man Hiawatha tanzt …

Das sind die Hundstage, in denen man sich mit bleiernen Gliedern durch die Dürre des Berufs schleppt. Und dann, kaum daß sich die Umklammerung der Pflichten lockert, fährt man an die Elbe, atmet tief und erlöst und schon wieder lebendig im Vorgefühl des Wassers, schmeißt die Kleider ins Gras und steigt in die Flut. Ein Weilchen steht man drin bis an die Knie. Jede Pore giert nach der Wohltat des Wassers. Aber man zögert noch ein Weilchen, schiebt einen Genuß noch um Augenblicke hinaus, nun, da er einem sicher ist, da er einem nicht mehr entwischen kann. Dann … nein, dann auch noch nicht … aber dann … dann wirft man sich hinein, wühlt sich ins Wasser, läßt es über sich zusammenstrudeln. Für Augenblicke ist die Haut erstes, einziges, absolutes Sinnesorgan. Sie, die Haut, fühlt, schmeckt, riecht das Elbwasser, sie empfindet das stille Gleiten der schweren, schwarzen Kohlenzillen, das Klirren der Schlepperketten, das Rauschen der Dampferschaufelräder, das weiße Blühen eines Segels, das Freudengekläff eines Hundes, der einen Spazierstock aus dem Wasser holen darf.

Dann steigt man einmal heraus und steht am Strand, auf dem Rasen, im Sand, auf nassen Kieseln. Das Wasser rinnt kühl herab. Die Luft flattert um den Körper, weich und sanft wie ein Tuch. Und die heiße Strahlung der Sonne, die vorhin eine Qual war, ist jetzt eine Zärtlichkeit.

Oder man legt sich an den Strand, halb ins Wasser, halb in den Sand und fühlt sich wie eine Flasche Sekt im Kühler – man spürt förmlich, wie die moussierenden Bläschen Perle um Perle heraufsteigen, wie sie sich unter der Hirnschale ansetzen. Gäbe es da eine Verschnürung zu lösen, so würde die Schädeldecke bis hinauf in die weißen Wolken knallen. So kommt es einem vor.

Dampfschiffe rauschen stromauf und stromab. Kommen sie in Sicht, so gehen die Schwimmer ins Wasser, kreuzen auf sie zu und lassen sich von den Wellenbergen schaukeln, die am herrlichsten sind, wenn der Dampfer stromauf anlegt. Dann wogen sie lang und glatt und blank in dunklen, lichtblau changierenden Seidenbahnen. Die Nichtschwimmer vergehen vor Neid um diesen Genuß.

Andere lieben es, aus dem Wasser auf die schweren Zillen zu klettern, die schwarzen Riesensärgen gleich vorübergleiten. Manchmal stehen und hängen die Nackten in dikken Trauben auf dem schrägen Deckdach und wie überreife Früchte plumpsen sie nacheinander in die spritzende Flut.

Und andere bevölkern die flachgleitenden Flöße, halten einen Schwatz mit den stakenden Männern und verschwinden wieder wie nackte Flußgötter, denen es Vergnügen machte, einmal unter Menschen zu weilen.

Es gibt Schwimmer, die mühelos im Wasser zu wandern scheinen. Ihre Kleider haben sie irgendwo in einer Badekabine verstaut. Nun schwimmen sie mitten im Flusse eine halbe Stunde stromab. Und dabei unterhalten sie sich über irgendeine Sache. Man kann sich vorstellen, daß sie es fertig brächten, schwimmend einen Skat zu kloppen, die Kartenblätter trumpfend auf den Wasserspiegel zu hauen. Und der vierte könnte tauchend einmal von unten her nachsehen, was im Skat schwimmt.

Das sind die richtigen Wasserratten.

Andere begnügen sich mit einem Sonnenbad. Sie kommen, stürzen eiligst aus den Kleidern und dann faulenzen sie stundenlang am Strand. Sie denken nicht daran, ins Wasser zu gehen. Es genügt ihnen, daß es da vorüberschwimmt und daß sie es sehen und riechen. Aber Wasser muß dabei sein.

Sie sind eine Spielart der anderen, sind Am-Wasser-Ratten.

Strandgigerls trifft man auch. Sie haben wunderbare Schwimmtrikots, haben märchenhaft mollige Bademäntel, haben bastgeflochtene Strandschuhe, haben alles, was dazu gehört und einiges darüber – nur schwimmen können sie nicht.

Von aller Schwere befreit, leicht und voller Schwebegelüste steht und liegt man nach dem Bade am Strand, im Gras, läßt die Heupferde über sich wegspringen, hört einen Grasmäher klappern, betrachtet die Eintagsfliegen, die zu Hunderten aus ihrer Puppenhaut schlüpfen, ihre neugeborenen Flügel breiten und die letzte Verkleidung liegen lassen wie eine lästig gewordene Hose.

Eine dicke Hummel läutet im Grase.

Der Taktschlag der Ruderer klatscht im Wasser. Ein weißes Segel zieht vorbei.

Am seichten Ufer paddeln einige Enten herum. Sie tunken ihre Schnäbel ins Wasser, wackeln mit den Stummelschwänzen, schwimmen ein bißchen hin und ein bißchen her. In die Strömung getrauen sie sich nicht.

Möwen schießen über dem allen in eleganten Kurven. Sie leuchten schneeig auf, wenn sie im Licht wenden.

Allmählich sinkt die Sonne in die Uferlandschaft hinab. Der Fluß gleitet ruhiger, blanker, in weichen, matten Opalfarben dahin. Eine frische Brise steht auf und weht Kräuselschauer über den Wasserspiegel. Und gleich darauf gleitet der Strom wieder glatt, blank, seidig. Fische schnellen vergnügt, da nun die Angler gegangen sind.

Ein Mädchen, jung und schlank und knospend in schwarzem Trikot, badet noch ganz allein. Es sieht mit großen, unschuldigen Augen in die Abendröte, in das flüssige, spritzende Gold auf den Wellen. Dann gleitet das Mädchen schwimmend in den stillen Strom hinaus, der Wonne des einsamen Schwimmens ganz hingegeben.

Und man geht, leicht und frisch in den Kleidern, die noch die Wärme der Sonne bewahren. Geht und freut sich darauf, einen köstlichen Hunger zu füttern.

Durch den sinkenden Abend gleitet ein heimkehrender Dampfer mit leuchtenden Lichtern und Luken. Der Widerschein zittert im Wasser. Einem schattenhaften Tausenfuß gleich mit dünnen, zappelnden, goldenen Beinen zieht das Schiff dahin.

Duftende Nacht

Die Elbe bei Pirna

Um Mitternacht setzten wir in Pillnitz über die Elbe. Wir waren zu viert. Als wir an die Elbe kamen, hing die Laterne des Fährbootes drüben am andern Ufer im Dunkel. In ihrem Scheine hantierte der Fährmann an der Steuerung des Motors. Dann glitten Boot und Laterne unter dem leisen metallischen Klopfen des Motors herüber und mit uns wieder hinüber über den Strom, der dunkel, mattschimmernd durch die mondlose Nacht glitt und gleichsam immer von neuem sanft bauschende Seidenbahnen zwischen Bäume und Wiesen breitete.

Während der Fährmann hemdsärmelig das Steuerrad handhabte, sich vorbeugte, aus dem Laternenschein hinausspähte und sein Schiffchen behutsam an die aus dem Dunkel tauchende Landungsstelle heranpirschte, brummte er halb heimlich und eine Oktave tiefer das Lied mit, das wir zur Gitarre sangen.

Am Hirschfelder Weg

Die Baumwände des Pillnitzer Schloßparks standen schwarz und dicht. Am Himmel gingen die Sterne.

Man wünschte sich, stundenlang so dahinzugleiten, durch die Sammetnacht im Boot, die Hand im schwellenden Wasser.

Durch Dorf und Dunkel schritten wir hinauf zum Weinbergsweg, der, gegen das Tal von der niederen, zerfallenden Mauer gesäumt, bergwärts von nachtschwarzem Gesträuch überhangen, in halber Höhe des Berges sich hinzieht.

In mondlosen Nächten ist er nur mit einiger Beschwernis zu begehen. Steine der zerbrochenen Mauer liegen immerfort im Wege. Regengüsse haben ihn zerfurcht. Man muß den Weg unter den Füßen mehr erfühlen, als daß man ihn sieht.

Unter uns, scheinbar schwebend und von den Verkettungen dunkler Baumstraßen im Schweben erhalten, dämmert ungewiß die Elbaue mit dem eben noch erkennbaren Lauf des Stromes. Die Fluren ruhen gleich matten, reglosen Nachtseen am Gestade dunkler Waldinseln. Die Lichter der Dörfer blinken im schwebenden Grau. Weiter hinaus spiegelt sich die Lichterfülle nächtlich arbeitender Fabriken im Strom. Industrieorte, am Tage nüchtern und unschön, umgeben sich in der Nacht mit dem Zauber unwirklicher Feenpaläste.

Über uns hängt der steilansteigende Wald als dunkle Wand, die den bestirnten Himmel zu tragen scheint.

Alte Weinbergshäuschen, bei einer Wegbiegung unerwartet dastehend, schimmern geisterbleich aus dem schwarzen Grün, als seien sie die heimlichen, unheimlichen Behausungen nächtlich schweifender Zauberer.

Glühwürmchen schweben durch die Nacht, verschwinden hinter schwarzen Laubgehängen, leuchten wieder auf, sinken in die Gräser nieder, die sich wie die Stäbe eines magisch erhellten Käfigs über ihrem Phosphorlaternchen zusammenbiegen.

Schwere Düfte erfüllen die Nacht. Während wir über unsichtbare Steine gleiten und unverhofft klaffende, bröckelnde Weinbergstreppchen tastend umgehen, streift uns immer wieder der wilde Hauch über und über blühender Heckenrosen, die mit Dornenranken nach unsern Kleidern fassen. Holunderbüsche, schwarze, dichtgefügte Strauchblöcke, kehren ihre weißscheinenden Blütenscheiben den Nachtfaltern entgegen und locken sie mit ganzen Wolken berauschend süßer Düfte. Liguster wuchert in dichten Hekken und buhlt mit weißen Dolden. Labkraut, im Grase dahinstrickend, duftet schwärmerisch.

Manchmal versinkt der Weg fast unauffindbar schwarz in der wuchernden, duftenden Pflanzenüppigkeit, in die man sich hineintastet wie in ein erst zu erschließendes, für Menschen unzugänglich gedachtes Gebiet. Umfangen von diesen wilden, schwer aufströmenden Düften glaubt man, ein Eindringling zu sein, dem Nacht und Wald schwarzes Schweigen entgegenstellen. Dahinter raunt es von flüsterndem, knisterndem, raschelndem Leben. Der warme Atem einer erotisch erfüllten Juninacht quillt aus undurchdringlichem Dunkel, in dem sich brünstige Umarmungen zwischen Pflanze und Tier zu vollziehen scheinen, schwüle Mysterien, die dem Menschen verborgen bleiben sollen.

Der Fuß strauchelt über rollende Steine. Gesträuch wehrt mit widerstandsvollem, biegsamem Gezweig, mit dornigem Gerank, mit starr krallendem Geäst ab. Laub rauscht erregt.

Alles erscheint fremder, größer, menschenferner, unzugänglich und verboten.

Fledermäuse schweben lautlos dicht am Hut vorbei. Falter, die man klein weiß und denen man doch eine unvorstellbare Größe zutraut, streifen raschelnd das Gesicht.

Und als aus der ungewiß schwebenden Tiefe unter uns Ruf und Gegenruf eines menschlichen Liebespaares heraufdringt, scheint auch das einbezogen in die unsichtbaren Geheimnisse der Mitsommernacht.

Fern schimmern die Lichter über dem Strom, zitternd im Ungewissen. Und es ist, als würden im nächsten Augenblick die liebeschweren Klänge einer nächtlichen Barkerole herüberschweben. Der Weg, als sei er der Nacht und ihren Geheimnissen verbündet, rollt immer von neuem schwere Steine vor die gleitenden, strauchelnden, tastenden Füße. Dann fällt er plötzlich steil hinab in den schwarzen Wald, fällt und verliert sich im Unbekannten, stellt Baumstämme dahin, wo man seinen Fortgang vermutet, und verstrickt die vom Tage her vertraute Gegend in eine zeitraubende mühevolle Irre.

Streichhölzer flammen auf – zwölf Wege auf einmal öffnen sich zwischen den Stämmen, aber der tastende Fuß gleitet in abfallende Graswildnis. Im nächsten Augenblick, wenn das Feuerhölzchen erlischt, schlägt jähes Dunkel alle Ausgänge zu. Am Tage kennt man in dieser Waldschlucht jede Wegbiegung – in dieser mondlosen Nacht ist sie unergründlich und rätselhaft wie nie betretenes Gebiet.

Glühwürmchen schweben hoch und tief, ruhig und sicher zwischen Stämmen dahin, die das Menschenauge nicht sieht.

Es geht nicht weiter. Wir tasten uns hinab in das Wiesental, über dem die Duftnebel taufeuchten Heues schweben, und stehen dann – nach Stunden fast noch am Anfang unserer Nachtwanderung – unter der Kastanienhalle der Straße, die von Pillnitz nach Graupa führt.

Über uns schließen sich die Kastanien zum dunklen Gewölbe über gotischen Spitzbogen, von schwarzen Stammsäulen getragen. Durch die auf- und absteigenden Bogen dieses Kreuzganges sehen wir hinaus in die nächtlich fahle Landschaft.

Bauernhof

Schlafende Dörfer am Wege. Oberpoyritz, Graupa.

Rosendüfte wehen aus den Gärten. Nelken, Jasmin, Jelängerjelieber, Akazien verströmen süßen Atem in die Nacht. Holunderbüsche, zu ganzen schwarzen, mit weißen Scheiben besteckten Bergen vor schlafenden Häusern aufgeschichtet – man geht vorbei und schreitet plötzlich durch eine tiefhängende Wolke von Duft.

Und dann rührt ganz sacht der Morgen an die schlafende Welt. Sacht – und doch ist er mit einem Male da. Er tritt in die Nacht und geht über sie hin wie der Zeiger der Uhr – unmerklich und unaufhaltsam. Man ahnt das nahe Erwachen – und da ist es schon geschehen. Man war mit den Augen immer dabei – und da stehen mit einem Male Berge und Bäume da, verschleiert, in einem mit Silber unterlegten Grün. Wiesen und Wälder enthüllen sich, jung und unberührt, wie eben erst geschaffen, und doch selbstverständlich, wie von ewigem, unveränderlichem Dasein.

Eine erste Lerche steigt und singt. Und in dem Augenblick, in dem man das begreift, tirilieren ringsum schon Lerchenchöre.

Und in Bonnewitz brüllt schon die erste Kuh hinter einer Stallwand. Hähne krähen.

Man weiß gar nicht mehr, daß man eben noch in einem schwarzen Nachtwald den Weg mit Streichhölzern suchte – vor so langer Frist scheint geschehen zu sein, was eben erst geschah.

Sonderbar: jetzt erst scheinen die Dörfer zu schlafen. Während der Nacht raunte allerorten geheimnisvolles Leben – jetzt sieht man den Schlaf. Wünschendorf schläft – fern allen Wünschen. Am tiefsten die Sommerfrischler in ihren Villen.

Wir schreiten durch den Ort und steigen den Waldhang des Kohlberges hinauf. Wir steigen, als wäre Gefahr, da oben einen Zug zu versäumen – drei Uhr zweiundvierzig Minuten geht die Sonne auf!

Und als wir oben ankommen, verzögert eine Wolkenbank die Vorstellung um zehn Minuten.

Die Berge der Sächsischen Schweiz schweben als zarte Duftgebilde im Frühlicht. Im Tal, im Silbergrün, liegen weiße Nebelschwaden über Dorf und Wiesen. Der Anblick erinnert genau an bereifte Spinnweben im Grase. Bäume und Giebel, übersponnen und weiß beflockt, tauchen halb aus der Nebelwebe auf.

Da liegt Stolpen inmitten der hauchzarten Berge. Burg und Kirche ragen als feine Zäckchen auf der spitzen Kuppe – ganz fern und märchenhaft wie ein romantisches Gebilde, das im nächsten Augenblick vergehen wird. Aber es bleibt und steht verklärt, duftig und violettgrau über dem Getreide vor uns.

Und dann kommt die Sonne. Rotgelb schwebt sie herauf. Wir sehen sie zwischen Kiefern, die einsam über der kühlgrünen Schonung stehen. Das Schauspiel ist unendlich einfach und unendlich schön. Und die Japaner wissen das ebenso zart und schlicht von geschnittenen Holzstöcken auf watteweiches Papier zu drucken.

Dann schlendern wir durch den frühen Wald nach der Dittersbacher Höhe. Da stehen im Graswinkel am Rande eines zu Tale geneigten Ährenfeldes einige Linden um eine steinerne Bank. Über das Korn streicht der Morgenwind. Und der Blick schweift darüber hin – auf das Zauberbild von Stolpen, auf die Duftberge der Sächsischen Schweiz und hinab ins silbergrüne Wiesental.

Dort legen wir uns nieder. Die Sonne scheint durchs Gras bis auf den Grund, auf dem wie auf dem Boden eines tiefen Waldes winzige Käferchen marschieren. Und man wird an einen Begnadeten erinnert, der sich zu einem solchen Rasenstück herabbeugte und diese winzige Graswelt durch seine Kunst ebenbürtig neben Madonnen und Passionen hob – ein Schöpfer, dem nichts zu klein und nichts zu groß war. Die Rispe eines Grashalms galt seiner Kunst ebenso wesentlich wie ein Kaiser Maximilian. Er hieß Albrecht Dürer.

Eine Glocke weckt uns. Sie klingt von irgendwoher durch den Wald und kündet, daß es sechs Uhr morgens ist.

Man schlägt die Augen auf, blickt in wehende Lindenzweige über sich, in durchsonntes Getreide vor sich, sieht eine Gitarre am Zweige hängen, begreift und erhebt sich. Die Gefährten schlafen noch.

Hinterm Wald schaukelt das Sechseläuten.

Aus dem Wiesental hallt ein Pfiff. Die Sekundärbahn rutscht ganz klein durch die Wiesen und verschwindet um einen Hügelhang. Der letzte Wagen, hoch mit Heu beladen, ist eben noch zu sehen. Er entgleitet wie ein Boot auf grünem See.

Um die Glockenblumen brummen dicke Pelzhummeln.

In stummer Lust reckt man die Arme.

Jetzt wird man sich unten an der Wesenitz waschen, wird im nächsten Dorfgasthaus Kaffee trinken. Und dann hat man einen ganzen, ganzen heißen Sommertag vor sich, den man im Grünen, an einem Teich im Wald verbringen wird.

Auf dem besonnten goldbraunen Holz der Gitarre am Lindenzweig sitzen dreißig Fliegen, dreißig Punkte stummer Verwunderung darüber, wie dieses herrliche, warme, glatte Parkett daher kommt.

Herrgott – ist das Leben schön! Trotz allem, was in diesem »allem« zusammengefaßt zu denken ist und woran man in diesem Augenblick gar nicht denkt.

Und dann weckt man seine Gefährten.

Das Weberhaus in Hosterwitz

Landhaus Carl Maria v. Webers in Dresden-Hosterwitz

An der Dresdner Straße in Hosterwitz, in beinahe unmittelbarer Nähe des Pillnitzer Idylls, liegt Carl Maria von Webers Sommerhaus.

Hundert Jahre lang hat ein guter Stern über seiner Unversehrtheit gewacht. Kaum daß es jemand wußte. Zwar Webers Möbel stehen nicht mehr darin. Irgendwer hat später dem hinteren Fachwerkgiebel eine hölzerne Veranda vorgebaut, die aber das Ganze nicht stört und die heute schon wieder alt geworden und von der Zeit in die Stimmung des Winkels einbezogen worden ist. Aber sonst ist es noch ganz und gar Webers Haus geblieben – man meint, die Blumen, die da blühen, habe schon er gestreift, wenn er kam und seine Frau Caroline in der Laube ihm entgegensah. Und die stillwachsenden Bäume haben das Häuschen nur noch tiefer in friedevolles Grün gehüllt.

Als Weber, königlich sächsischer Kapellmeister und Musikdirektor der eben erst geschaffenen deutschen Oper in Dresden, dieses Häuschen fand, erfüllte sich ein längst gehegter Wunsch. Schon lange spähten er und seine junge Frau nach einem »Sommernest« aus, das im Sinne der damaligen Zeit anspruchslos sein, aber nicht zu weit ab von der Stadt liegen sollte. Dieses kleine Haus, das dem Hosterwitzer Winzer Felsner gehörte, entsprach allen Wünschen. Unverdrossen wanderte nun Weber immer wieder von Dresden nach Hosterwitz und zurück, um das Ausmaß irgendeines Raumes zu holen, das Caroline zum Plane der Einrichtung brauchte. Und nachdem er sich so und so oft diesen Weg »entlang komponiert« hatte, bezog das Paar glückstrahlend am 18. Juni 1818 das erste Stockwerk des Häuschens, das ihm zum Sommerparadies wurde.

Wir fahren heute in fünfzig Minuten mit der Straßenbahn von Dresden nach Hosterwitz. Damals kostete das einen strammen Fußmarsch. Und man kann sich eine Vorstellung von dem festlichen Umstand machen, den alljährlich die Übersiedlung in die Sommerresidenz verursachte, wenn man der launigen Schilderung gedenkt, die Wilhelm von Kügelgen in seinen Jugenderinnerungen eines alten Mannes von der Badereise seiner Mutter von Dresden nach Lotzdorf bei Radeberg gibt: »Unser dottergelber Reisewagen ward nun hochbepackt mit allem Nötigen, mit Koffern, Taschen und darüber hingeschnallten Bettsäcken, vier Pferde wurden vorgelegt und die ungeheure Maschine setzte sich in Bewegung.«

Auch Weber reiste mit einer solchen »Maschine«. Und später schaffte er sich, um den häufig nötigen Fußmarsch zu ersparen, auch eine Equipage an und versteifte sich darauf, selbst zu kutschieren, wobei er freilich übel debütierte und nach der dritten Fahrt kleinlaut zu Fuß in Hosterwitz ankam, während ein Bursche Tier und Wagen nachführte. Er besaß aber später stets zwei Pferde, Reise- und Stadtwagen und eine nach damaliger Sitte reich in Rot und Gold dekorierte Droschke. Und es war eine seiner kleinen Eitelkeiten, daß man seine Equipage zu den elegantesten der Stadt zählte.

Hosterwitz lag damals wirklich weit ab von der Stadt, und die Reise dahin war schon ein Ereignis in einer Zeit, in der das Linckesche Bad an der Elbe und Findlaters Weinberg hinter der heutigen Saloppe die Ausflugsziele der

Dresdner waren. Ein hübsches Aquarell Günthers aus dem Jahre 1820 im Dresdner Stadtmuseum gibt eine deutliche Vorstellung davon, wie ländlich und abgeschieden das kleine Dorf am Fuße der Rebenberge lag. August Schumanns Staats-, Post- und Zeitungs-Lexikon berichtet in dem 1817 erschienen Band, daß Hosterwitz nur 21 Häuser und 113 Einwohner zählt, und fügt im Ergänzungsband von 1830 hinzu: »Hosterwitz liegt in und vor dem Keppgrunde, unstreitig in einer der reizendsten Gegenden Sachsens, welche wir selbst jenen von Pillnitz und Loschwitz noch vorziehen möchten, da hier die ansehnlichen Berge fast jeder Art von Bekleidung, nicht das Einerlei der ununterbrochenen Weinpflanzungen zeigen; auch haben die hiesigen und poyritzer Wiesen einen auffallend üppigen Charakter.«

In dieser friedlichen Landschaft lag nun Webers Sommerparadies, in dem er Ruhe, Erholung von den ewigen Kämpfen mit seinen Dresdner Widersachern und erfrischende Anregungen zum Schaffen fand.

Befruchtende Ströme flossen aus dieser Umgebung in seine Arbeit hinüber. Die Kantate, der er den Titel »Natur und Liebe« gab, spiegelt ja geradezu im Duett »Holde, zaubrisch-schöne Hügel« die Lieblichkeit des Elbtales musikalisch wider. Die anmutige »Aufforderung zum Tanz«, die schönsten Partien des Freischütz, der Euryanthe, des Oberon und viele kleinere, nicht minder köstliche Werke entstanden auf den Spaziergängen um Hosterwitz und sind in diesem kleinen Hause niedergeschrieben worden.

Alle seine Schöpfungen kristallisierten sich so: eine musikalische Idee blitzte auf wie ein Stern in der Nacht, tagelang reifte sie sich aus bis zur letzten Note, und im Geiste gestaltet existierte sie längst, ehe noch eine einzige Note auf dem Papier stand. Oft überraschte er seine Freunde mit dem Vorspiel einer Komposition, die nur in seinem Kopfe, dort aber unverlöschbar fixiert war – in seinen Notizen findet sich wiederholt lange vor der Niederschrift eines Musikstückes die Bemerkung, daß er dies oder jenes »fertig gedacht« habe.

Kleinigkeiten wurden zu Anlässen seiner Schöpfungen. Ein Klarinettist seiner Kapelle begleitete ihn einst auf

Dresdner Heide

einem Spaziergang nach dem Linkeschen Bad. Weber schritt stumm vor sich hin. Es regnete. In der Gartenwirtschaft hatten die Kellner Tische und Stühle, meist mit den Beinen nach oben, in Gruppen zusammengesetzt. Beim Anblick dieser in Reihen und Intervallen starrenden Tisch- und Stuhlbeine blieb Weber plötzlich stehen, lehnte sich rückwärts auf seinen Stock und rief: »Sehen Sie, Roth, sieht das nicht aus wie ein großer Siegesmarsch? Donnerwetter, was sind das für Trompetenstöße!« – abends notierte er den fertig gedachten Marsch, der später im Oberon erklang.

Während eines schläfrigen Nachmittagsgottesdienstes in der Pillnitzer Kapelle hörte er das unerträglich falsche Intonieren einiger alter Weiber bei den Responsorien einer Litanei – aus diesem Eindruck entstand der Lachchor der Bauern im ersten Freischützakt.

Auf einer Fahrt nach Hosterwitz an einem Nebelmorgen wankte der Wagen durch das graue, gespenstige Gewoge – in dieser Stimmung schuf, »dachte« er die Wolfsschluchtmusik.

Als schöpferische Offenbarung strömten ihm auf diesen Gängen rund um Hosterwitz die Ideen zu. Und in diesem Häuschen schrieb er sie nieder. In jenem kleinen Zimmer, in das die sommerlichen Baumkuppeln der Pillnitzer Maillebahn und die in wogenden Linien ziehenden blauen

Hügel hereinblicken, arbeitete er. In lauen Sommernächten saß er an diesem Fenster und schrieb in fehlerlosen Partituren von den Flötenstimmen bis zum Baß vollständig mit allen Zeichen, Pausen, Pianos, Fortes in perliger Notenschrift wie in Kupfer gestochen nieder, was in seinem Kopfe »fertig gedacht« und unvertilgbar stand. Sein Sohn Max, sein treuer Biograph, läßt uns die frohe Feier dieser Arbeitsstunden ahnen: »Kein Piano wurde dabei angeschlagen, das volle Orchester, von guten Geistern gespielt, klang ja von selbst in seinen Ohren, während er seine zierlichen Musikschriftzeichen malte.«

Manchmal, vom Glück des Schaffens durchströmt, von jenem göttlichen Fieber erregt, das noch über das vollendete Werk hinaus nach Ausbruch drängt, trat er, nachdem er einen Nachmittag lang gearbeitet hatte, dann aus dem kühlen Hause hinaus in den Garten. Düfte strömten und die Sonne leuchtete über allem. Er schritt über den knirschenden Sand der Laube zu, in der seine Gattin nähte und stickte, warf die lange, graue Arbeitsjacke von sich, reckte die Arme und rief: »Möcht' doch den Kerl sehen, der glücklicher ist als ich!« Und dieser Schöpfer und Kämpfer, der kein Duckmäuser und kein sentimentaler Träumer war, der Wein und volle Tische liebte, der mit adligen Kammerherren und bäurischen Hüfnern in der Keppgrundschänke Kegel schob und der dem Leben seine Kraft verschwendend hinwarf, fügte solchen Glücksausbrüchen still hinzu »Gott behüts« und lüftete sein schwarzes Käppchen.

Hosterwitz schenkte ihm schöpferische Kräfte – Hosterwitz schenkte ihm Ruhe nach der unerhörten Anspannung im Winter in der Stadt.

In diesem bescheidenen Hause verlebte er eine Reihe glücklicher Sommer, und er war froh und heiter im Genusse der einfachen Freuden, die das ländliche Idyll bot. Er streifte mit Carolinen durch Täler und Wälder, tafelte mit Freunden in der wasserumrauschten Keppmühle Landbrot und Ziegenkäse, spielte stundenlang mit seinem Jungen, seinem Hund, seiner Katze, seinem Kapuzineräffchen, lag im Grase, ließ sich die Sonne auf den Rücken scheinen und streckte, wie er seinem Freunde Lichtenstein einmal schrieb, vergnügt »alle Viere von sich«. Er mühte sich ab, aus Bindfaden und Gurten ein Geschirr für den Hund zu bauen, der Sohn, Katze und Affen spazieren fahren mußte. Und er war glücklich, wenn alles um ihn her jachterte und purzelte.

Immer stand das kleine gastfreie Haus für Freunde offen. Und Weber war stolz, wenn für die Gäste, die nur »ländliche Milch und süße Früchte« erhofften, aus der Küche Carolinens wie durch ein Wunder Eis, Moselwein, Champagner und allerhand treffliche Labe, nach eines Freundes Ausdruck »in sächsischer und österreichischer Weise kulinarisch gedichtet«, hervorquoll und sich auf Tisch und Rasen ergoß.

Ludwig Tieck war oft unter diesen Freunden. Und lange Zeit kam auch Jean Paul aus seinem Dresdner »Lenzhäuschen« nach Hosterwitz gewandert. Er kam, wie Webers Biograph ihn schildert: dick, immer ein wenig unsauber, stets von einem schnaubenden Pudel begleitet, ein alter Herr, der mit einer etwas geschraubten Jugendlichkeit kokettierte und der so gar nicht mit seinen poetischen Schöpfungen harmonierte.

»O Hosterwitz, o Ruhe, Ruhe!« Das schrieb Weber einmal in einem Brief. Aber Ruhe nannte er auch damals noch: die Euryanthe schreiben; Ruhe nannte er: in vierundzwanzig Tagen drei Singspiele und eine Oper einstudieren, zu jeder Probe drei Meilen zurücklegen und außerdem in hundert Tagen noch achtunddreißigmal Dienst in Kirche und Theater tun.

»In dieser Zeit«, schreibt sein Sohn, »sahen Caroline und der damals auch in Hosterwitz wohnende (Freund und Schüler) Benedikt oft schon früh vor sechs Uhr, wenn sie in die Laube im Garten traten, wo gewöhnlich das gemeinschaftliche Frühstück eingenommen wurde, am offenen Fenster seines Arbeitszimmers das bleiche Haupt des Meisters über das Notenpapier gebeugt, oder ihn vom kurzen Morgenspaziergang heimkehren. An allen Tagen, die ihm sein Dienst frei ließ, arbeitete er sechs bis acht Stunden unablässig an der Oper und gönnte der gepreßten Brust nur selten, bei langsamen Wanderungen am Elbufer oder durch ein Waldtal die Erquickung tiefer Atemzüge balsamischer Luft. Mehr als einmal rief er, aus dem heißen Arbeitszimmer in den Garten tretend und die Arme ausdehnend, aus: ›Ich wollte, ich wär ein Schuster und hätte meinen Sonntag und wüßte nicht Gix noch Gax von C-Dur und C-Moll!‹«

Unablässige Arbeit schwächte seine ohnehin kränkelnde Brust. »Ich huste und faulenze«, antwortete er ingrimmig den Freunden, die nach seinem Ergehen fragten. Die Symptome der Müdigkeit häuften sich, seine Kräfte, flackrig geworden, verzehrten sich in tätiger Hast.

Ein Jahr darauf, 1823, fühlte er sich zu matt für den der Entfernung wegen beschwerlichen Aufenthalt in Hosterwitz, der ihm – ein tragischer Widerspruch – gerade damals so not tat. Und doch rang er sich in dieser Zeit den Oberon ab! »Dieses Leben und musikalische Licht und diese tongewordene Heiterkeit und Frische schrieb ein kranker, gebeugter und verdrossener Mann, den trockner Husten Tag und Nacht quälte, der, in Pelze gehüllt, die geschwollenen Füße in Sammetstiefeln, am Schreibtische saß und im stark geheizten Zimmer fror.«

In den letzten Schöpferstunden umgeisterten ihn schon Todesgedanken. Sie trieben ihn in Sorgen um das Wohl seiner Familie. Um für sie zu sorgen, bestand er auf der verhängnisvollen Londoner Reise. »Ich erwerbe in England ein gut Stück Geld, das bin ich meiner Familie schuldig«, sagte er zu einem Freunde, »aber ich weiß sehr gut – ich gehe nach London, um da zu sterben – still, ich weiß es.«

Am 7. Februar 1826 trat er die Reise an. In Pelze gehüllt stieg er in den Reisewagen. Und während er in den dunklen Wintermorgen hinausrollte, sank seine Frau in ihrem Zimmer zusammen und schluchzte ahnungsvoll: »Ich habe seinen Sarg zuschlagen hören!«

Dreiundfünfzig Briefe flatterten noch nach Hosterwitz. Und dem grünumbuschten Frieden des stillen Häuschens galt seine Sehnsucht aus der Ferne: »Ich habe wohl schon genug – vielleicht – in Dresden gewiß schon zu viel getan und will mich in Hosterwitz strecken und pflegen.«

Er kam nicht wieder.

Am 5. Juni 1826, acht Wochen nach der Uraufführung des Oberon in London, schloß der vierzigjährige Schöpfer die Augen. Und als er in London schon aufgebahrt lag, ließ eine Freundin, Charlotte von Hanmann, ihren Wagen am

Dorfeingang von Hosterwitz halten und brachte der Frau die Todesbotschaft, über der die Verlassene mit einem Schrei zusammenbrach.

Ein Jahrhundert ist seitdem durch den friedsamen Garten, durch die kleinen Räume des schlichten Hauses gegangen.

Der Zauber einer holden Verschollenheit liegt darüber gebreitet. Ich sah das Idyll im seligen Glast eines Hochsommertages um die Stunde, da Pan schläft – vor den Fenstern des treuen Bewahrers, des alten Krahmer, standen Kornpuppen mit einer Krone schwergebogener Halme. Und ich sah es wieder im milden Niesellichte der Septembersonne – über Haus und Garten spann sich ein scheidender Abglanz der Glückstage, deren sich Haus, Garten, Laube heimlich zu entsinnen scheinen.

Dem Kommenden guckt das Häuschen mit gemütlichen Fenstern entgegen – es blinzt gleichsam vertraulich und wartend durch den Zaun, der das benachbarte Feld einhegt.

Dann aber wehrt eine alte Steinmauer die Neugier ab – es ist ein Winkel für Vertraute. Zwei alte Nußbäume überschatten locker belaubt das grüne Holztor zwischen den Torsäulen mit den Steinkugeln obendrauf.

Der Grundriß des Hauses hat die Gestalt eines längs zur Straße gelegten lateinischen T. Das ergibt drei Giebel, von denen einer der Straße, der andere der hinter Dorf und Bäumen verborgenen Elbe zugekehrt ist, während der dritte in den blühenden Garten blickt. Um diesen Giebel knirschte Carolinens Schritt, wenn sie kam, den Heimkehrenden zu empfangen, der ihr durch das Gitter des grünen Tores entgegenlachte.

Innen ist der alten Mauer, dem Tor zur Seite, ein schmaler, steinerner Sitz eingefügt. Er sieht einer Konsole ähnlicher als einer Bank. Eine Clematisranke zieht einen Bogen darüber. Diese hübsche Kleinigkeit mutet an wie eine zierliche Titelvignette.

Rundum blüht es. Ein bunter Fries von Astern und Balsaminen umzieht den Sockel des Hauses. Vor dem blaugrauen Giebel blühen hochstämmige Rosen, Oleander, Astern, Geranien im Buchsbaumrondell. Sogar um die alte Pumpe in ihrem Holzgehäuse mit spitzem, rotem Dach, die zu Webers Zeiten auch schon dastand, blüht ein Kranz bunter Topfblumen: Geranien, fleißiges Lieschen, blaßblaue hängende Glockenblumen.

Dahinter, in dichtes Grün gehüllt, versteckt sich die Laube, in der Caroline mit ihrer Näharbeit saß, wenn er oben am Freischütz schrieb. Der Efeu hat die Laube dicht umwuchert. Über das hohe, spitze Dach wächst er noch hinaus und krönt den Laubengiebel mit einem üppigen Blätterschopf. Drinnen – drei Steinstufen führen hinein – ist es kühl. Die weiße Decke ruht auf kornblumenblauen Wänden. Weißes, bäuerlich gemütliches Gestühl steht drin. Durch die zwei Fenster der Rückwand blickt man aus der blauen Kühle hinaus in durchsonntes Gartengrün.

Und draußen im Licht, im Sonnenschein, von den Efeugardinen der Laube umrahmt, liegt das Haus, hell, heiter und glücklich.

Wein rankt an Spalieren an den Wänden herauf. Blaue Winden blühen zwischen den Reben. Diese Blumentrichter, in deren zartweiße Tiefe violette Saftmale hinabführen, wirken zwischen den flachgeschichteten, silbern überreiften Weinblättern köstlich. Sie erinnern an Becherschalen von hauchdünnem Porzellan. Und die grünen Fensterläden mit den schräggestellten Jalousiebrettchen, die vor den weißgestrichenen Fenstern in das silbergrüne Weingerank zurückgeschlagen sind, vollenden den sommerlich heiteren Eindruck, den das Ganze macht. Es sieht aus, als lupfe das Haus lauter kleine grüne Flügel und schicke sich an, vor Vergnügen am eignen Dasein mal ein bißchen über den Garten hinzufliegen. Und das ziegelbewimperte Fensterauge im altersbraunen Dach zwinkert: ja, los – mal über'n Garten hin!

Der Garten. Er ist gar nicht groß und scheint doch unabsehbar, weil Buschwerk und Hecken seine Grenzen verhüllen, weil man über die Bäume hin und zwischendurch in benachbarte Obstbaumwiesen und Gärtenwildnis guckt und weil die gradlinigen Wege das Gartenstück so geschickt aufteilen, daß sich ein Eindruck von Größe ergibt.

Da durchschneidet ein Weinlaubengang von der Haustür aus den Garten der Breite nach. Sonnenlicht rieselt hindurch und mustert den sauber geharkten Weg mit einem

Am Augustusweg bei Dresden

Schattengitter. Der Gang ist kaum zehn Schritte lang. Hinten schließt eine lockere, wandartig verschnittene Buchenhecke den Durchblick ab, sonniger Rasen schimmert hindurch – der Gang scheint in eine grüne Wirrnis zu führen, die gar kein Ende nimmt.

Man tritt aus dem Gang heraus und steht vor einer anderen Laube, die mit ihren gelben Wänden ganz sonnig wirkt. Wilder Wein streckt wippende Ranken herein – eben hissen seine Blätter die köstlichen Likörfarben des Herbstes.

Vor der Laube beschattet eine stattliche Linde einen kleinen Platz. Eine weiße Bank steht darunter. Und nahe dabei, im schützenden Hauswinkel, trägt ein Feigenstrauch sogar Früchte – Weinstock und Feigenstrauch: es ist eine beinahe biblische Symbolik häuslichen Glücks.

In einem anderen Winkel des Gartens macht der Weg eine kleine kokette Biegung – man steht vor einem Gitterpförtchen in der Mauer, tief unter einer hohen, fächerleicht entfalteten Akazie und hinter dichtem Gesträuch heimlich verborgen. Draußen läuft ein schmales Gäßchen zwischen

Gemäuern vorbei – und das wieder ist ganz das Szenarium einer Liebesgeschichte.

Und man guckt in den Garten zurück.

Was da alles auf kleinstem Raum wächst, blüht, reift! Obstbäume stehen im Rasen. Dahinter die Weinlaube. Und rundum blüht es: goldgelbe Röderblume und fleischigrote Begonien, Astern und Phlox, Nelken und Balsaminen. Es ist eine Fülle.

Und über all das hinweg, in das Blühen und Wachsen hinein guckt mit allen Fenstern das Haus.

Man betritt den kühlen, anheimelnden Flur – dabei kann man der Lockung nicht widerstehen und zupft beim Eintreten mal an dem Klingelzug, worauf der Flur von altväterlichem Gebimmel widerhallt.

Unten wohnt der biedere alte Krahmer, der Eigentümer dieses Schatzkästchens – er wohnt sozusagen in seinem Augapfel, denn wie einen solchen hütet er das Haus. Und nächst ihm verdanken wir den sorgsam und pietätvoll gepflegten Zustand des Ganzen, dem Maler Heinrich Hübner, der hier seit Jahren allsommerlich bis tief in den Herbst – dann wird dieses Sommerhäuschen kalt und feucht und unwirtlich – sein steinernes Berlin vergißt und künstlerisch von diesem Haus und diesem Garten und der Landschaft ringsum lebt. Er hat Vieles hinzugetragen, was – ich möchte sagen: seelisch zu der vorhandenen Einrichtung der Räume, wenn auch nicht aus Webers Besitz, so doch aus der Weber-Zeit, stimmt.

Webers Zimmer liegen oben im ersten Stockwerk. Eine gewundene Steintreppe führt hinauf.

Im Giebelzimmer, in das von drei Seiten Garten, Bäume und Berge hereingrüßen, wohnte das gastfreie Ehepaar.

Der Raum mit dem behäbigen, runden Tisch, den behaglichen Polsterstühlen und den edel schlichten Kirschbaummöbeln macht den Eindruck, als würde Caroline jeden Augenblick wieder eintreten und mit der Stimme der beliebten Bühnensängerin von einst sagen: Weber kommt – ich bitte die Herren um ein Weilchen Geduld.

Aber nur seine Totenmaske blickt drüben im kleinen Arbeitszimmer dem Besucher entgegen. Sie ist kostbarer Familienbesitz und war nur da, weil der Maler Hübner das geistvoll feine Antlitz zeichnete. Alle Weberbildnisse aus der Lebzeit des Meisters erblinden vor diesem Abdruck des eben Verstummten – der letzte Hauch des entschwundenen Lebens durchdrang – so scheint es – die formende Masse und belebte sie. Er gab ihr den aus seelischen Tiefen kommenden Blick der Pupillen, der die schon geschlossenen Lider noch ein letztes Mal durchdringt, der im Wissen um das Letzte noch einmal ins Leben zurückblickt. Und gab der feingeformten Nase ein letztes nervöses Atmen, ein Veratmen. Und ein letztes, unausgesprochenes Sprechen dem energisch und doch mild geschwungenen Munde.

Ich neigte die Maske ein wenig nach vorn – um diesen Mund erschien ein feines, heimliches Lächeln, ein verstehender, stummer Spott aus dem Schattenreich der Toten, die um die Irrtümer der Lebenden wissen und deren Eifer belächeln – das Beste, das Letzte haben sie immer mit hinübergenommen.

Das Antlitz lächelte voller Geheimnisse. Und durch das offene Fenster, aus dem blühenden Garten, weiter her, von den fernen Duftbergen im Abendlicht, aus dem Endlosen des perlmutterfarbenen Himmels drang lautlos, verhallend, riesengroß vom Himmel niederflüsternd, aus Freischützklängen geisterhaft ins Unendliche verklingend:

Schau der Herr mich an als König!
Dünkt Ihm meine Macht zu wenig?
Gleich zieh Er den Hut, Mosje …

Und darüber hin, schattenhaft groß, als lautloser Zwieklang der Lachgesang:

Hehehehehehehehehehe!
Hehehehehehehehehehe!

Im Weinlaub raschelte leises Frösteln.

Um mich stand still und schlicht das Zimmer, in dem der Tote dort den Freischütz und die Euryanthe und den Oberon geschrieben hat.

Ich trat ans Fenster, an dem er saß, an sommerlichen Tagen, in bleichen Nächten, über das Notenpapier gebeugt.

Unten, zum Greifen nahe, blühte der Garten im Herbstlicht, im Abendschimmer. Heiterkeit flog vogelgleich drüberhin – drüberhin.

Und es schien mir gut so, daß dieser lächelnde Garten den Schrei nicht gehört hat, mit dem Caroline die Todesbotschaft empfing – die Frau, die schon Witwe war, ehe sie es wußte, eilte ahnungsvoll hinaus auf die Straße, der Botin entgegen, als sie das Rollen des Wagens vernahm und ihn an ungewohnter Stelle halten sah. Dort brach sie zusammen und dort zerschnitt der Schrei die Luft.

Der Garten lächelte in friedlicher Glücksruhe fort.

Vom Fenster her sah ich hinüber nach dem Antlitz des Toten, dessen Arbeitsstätte dieses kleine Zimmer war.

Der Zwieklang des Notengelächters in der Luft war verstummt. Und auf den mageren Wangen dieses Gesichts lag ein verzitterndes Mitfühlen des Schmerzes, den er zurückließ, und der für eine geliebte Frau der Abschied von den Heiterkeiten des Lebens war, die einmal diese Räume, diesen Garten durchklungen und deren milder Widerschein allsommerlich in den unschuldigen Blumen des Gartens erblüht.

Hohnstein

Burg Hohnstein

Von der Lausitzer Hochebene herab fließt die Polenz durch die Sächsische Schweiz der Elbe zu, in die sie bei Schandau mündet. Über dem Tal der Polenz liegen Burg und Stadt Hohnstein.

Aus der schattigen Schlucht, in der der Fluß sich an schwärzlichen Steintrümmern zwischen den Blättern der Pestwurz zu weißem Schaum zerreibt, atmet noch im heißesten Sommer der kühle Hauch des Wassers. Vom einfallenden Strahl der Sonne in unsichtbare körperlose Teilchen zerstäubt, steigt er als zarte Frische zwischen den Felswänden hoch. Er schwebt vor der gar nicht weit entrückten Ferne der Talblicke als unendlich feiner Schleier. In seiner Frische erhält sich das Laub länger grün, und wenn im Hochsommer der Staub die Bäume an der Landstraße mit grauer Schicht bedeckt, wenn im Frühherbst Ahorn und Buche, Eberesche und Birke in freier Landschaft schon gilben, funkelt in den Felsentälern das Laub noch in smaragdenem Grün. Steigt dann der Herbst zu Tale, so flammen die bunten Wipfel zwischen den Fichten wie Fahnen unter der blauen Blässe des Oktoberhimmels.

Der Atem des Wassers feuchtet den porösen Sandstein, der zerklüftet, in Blöcken und Quadern wie pralle Säcke oder wie gigantische Koffer übereinandergestapelt, senkrecht zu beiden Seiten steht. Am Sockel der Wände nagt der Fluß. Der unablässige Anschlag des Wassers gräbt Höhlen, die von den entenfüßigen Zwergen des Märchens bevölkert sein könnten. Über den Wänden, an die sich der Wald mit knorrigen Wurzelfüßen klammert, streben steinerne Türme in pittoresken Gruppierungen auf. Genau gegenüber der Burg Hohnstein platten sich die Felsen zu den Basteien des Hocksteins ab, von dem die von manchen für Wahrheit genommene Sage erzählt, daß er, als er noch befestigt war, mit der Hohnsteiner Burg durch eine lederne Brücke verbunden gewesen sei.

Hinter dem Taleinschnitt, in dem die von der Hochebene um Rathewalde kommende, nach einer früheren Burg benannte Wartenbergstraße sich in großen Serpentinen ins Polenztal herunterwindet, ändert sich das landschaftliche Bild vollkommen. Die steile Schlucht verwandelt sich in ein Wiesental mit sanftgewölbten Waldhängen. Und nicht mehr der schwärzlich verwitterte Sandstein ist das Baumaterial der Landschaft, sondern Lausitzer Granit, den der gewaltige Druck geologischer Verwerfungen und Überschiebungen im Grenzgebiet stark zerpreßt und stellenweise zu tonigen Bänken zerquetscht hat, die an der Böschung der Wartenbergstraße sichtbar sind. Als die Lausitzer Überschiebung entstand, wurden um Hohnstein auch schmale Streifen von Juragestein emporgeschleppt und eingeklemmt, die von den Geologen als Ablagerungen des südlichen Jurameeres gedeutet werden. So kommt es, daß mitten in Hohnstein drei Gesteinsarten aufeinanderstoßen, nämlich Sandstein, Kalk und Granit. Im landschaftlichen Bild spielen die Jurareste, die zeitweise für die Kalkgewinnung abgebaut wurden, keine Rolle. Aber deutlich zeigt sich dem Wanderer gerade um Hohnstein, wie wesentlich der Charakter einer Landschaft von ihrem geologischen Bau bestimmt wird. Es sind zwei grundverschiedene Landschaftsbilder, zwischen die die Serpentinen der Wartenbergstraße eine helle Grenze ziehen.

Wer von Rathen über das Füllhölzel und durchs Polenztal aufwärts wandert oder durch den Amselgrund nach dem Hockstein geht und von diesem durch die theatralische Wolfsschlucht wieder zu Tale steigt, findet am Gasthaus zum Polenztal den Eingang in den Schindergraben, in dem der Fußweg angenehmer als die Fahrstraße nach Hohnstein hinaufführt, vorüber an den zerbrochenen Mauern des Bärengartens, wo im 17. Jahrhundert Bären gehalten wurden, die manchmal ausbrachen und zum Schrecken der Einwohner die Wälder durchstreiften.

Aus dem Wald tritt man fast unmittelbar in die kleine Stadt ein, die sich ganz in den Schutz der Burg schmiegt. Es ist ein freundliches Bild, das in steter Erinnerung bleibt, wenn man einmal an einem Sommersonnabend durch die von den Rutenbesen reinlich gestrichelten Straßen schlenderte und das schwebende Zrizrii der Schwalben über die kleinen Häuser mit dem schwarzen Fachwerk in weißer Wand und den gemusterten Schiefergiebeln ein Netz aus Klang und Bläue spann. Sinkt dann der satte Sommerabend auf die bergige Stadt und schimmern die gelben Lichter der Fenster unter der hohen Glocke der Nacht, so mag es dem Großstädter scheinen, als ob der Frieden selbst mit traumdunkler Fahne das kleine Nest beschirme, und er spricht vielleicht mit leichtem Spott über seine Bereitwilligkeit, hinter jedem traulich hellen Fenster ein Glück im Winkel zu glauben, den Vers der Annette von Droste-Hülshoff in das sanfte Dunkel: Auch hier kann Haß die Liebe und Lieb' das Hassen sein.

Wer Hohnstein von neuem liebgewinnen will, muß im Winter wiederkommen, wenn der weiße Flausch das Städtchen bis auf die schwarze Zeichnung des Fachwerks und die spitzen Schiefergiebel verhüllt und sein Bild inmitten verschneiter Wälder im Glanz der Wintersonne blitzt. Dann verbindet die Rodelbahn die abseits sich erhebenden Kuppen mit der Stadt, deren kleines Leben sich nun farbig wimmelnd nach ganz anderen Seiten entfaltet.

Am Hange des Galgenberges über der Stadt zieht sich der Röhrenweg entlang. Er ist wie eine Arkade unter dem Laubgewölbe alter Linden. Im Durchblick liegt das Städtchen gestuft auf schmalem Raum, mit braunen und blauen Dächern, mit den schmalen gewinkelten Gassen, in die

Am Eichberg

man hineinsieht wie in kleine Täler. Sie sind kurz und münden schon nach wenigen Schritten in andern Winkeln, und schließlich gerät man immer wieder auf den hochgelegenen Markt, von dem aus der Blick in die weiträumige Landschaft schweift. George Bähr, der Erbauer der Dresdner Frauenkirche, hat an den fallenden Rand des Marktes die schmucke Stadtkirche gestellt, die ihren grünen Turmhelm frei vor den Himmel hebt. Leider haben nicht alle Hohnsteiner den Reiz ihrer kleinen Stadt verstanden, und man hat es zugelassen, daß der Markt durch einige nüchterne Häuser verunstaltet wurde.

Eine breite Auffahrt führt vom Markt zur Burg.

Bis vor kurzem endete für den Wanderer vor diesem schweren Tor der Weg, und er mußte sich damit begnügen, vorm Tor im Reiseführer zu lesen, daß Hohnstein jahrhundertelang die Burg der Birken von der Duba war, zu deren Herrschaft fast das ganze Gebiet der Sächsischen Schweiz rechts der Elbe gehörte, daß sie dann im 15. und 16. Jahrhundert ihre Besitzer mehrfach wechselte und schließlich als Staatsgefängnis, als Rentamt und seit 1861 als Korrektionsanstalt diente. Drang ein Wanderer doch einmal in den Burghof ein, so wurde er von einem Anstaltswärter geführt und zwar hinaus, rasch und ohne Formalitäten.

Nun aber öffnet sich das Tor, das sich bisher hinter den blauen Anstaltsmützen der Korrektionäre schloß, den singenden Scharen der Jugend. Bunte Wimpel flattern auf den Burghöfen, Gitarrenklang hallt von den Gewölben wider und durch die offenen Fenster der Räume, in denen die Knopfmaschinen der Korrektionsanstalt klopften, flattert der freie Wind über die Betten der Jugendherberge. Überall in Sachsen und über seine Grenzen hinaus, wo wandernde Jugend ihre Fahrten plant, lockt der Name wie ein Ruf aus Wäldern, aus felsigen Tälern: Jugendburg Hohnstein.

In ihren älteren Teilen ist die Burg ein guterhaltenes Beispiel einer mittelalterlichen Ritterburg. Türme und Tore, Burghof und Mauer sind mit dem Felsen so verwachsen, als hätte dieser eines Tages selbst sich entschlossen, seine kubische Klüftung zu kantigen Bauformen zu gestalten. Die für die spätere Bestimmung der Burg errichteten Gebäude hinter der alten Burg stören freilich das Bild, aber vielleicht gibt es einmal Geld genug, um die kasernenartige Öde des Arbeitshauses durch ein gewalmtes Dach zu mildern und auch dem Turm der hinteren Burg an Stelle des landfremden Zinnenkranzes einen Helm aufzusetzen, der sich dem Bild einfügt.

Für diese Schönheitsfehler entschädigt der dahinterliegende Burggarten mit seinen vorspringenden Felsbasteien, unter deren unersteiglichen Wänden das Tal tief hinabsinkt. Man fühlt sich frei hinausgehoben in den großen Raum, in dem der Raubvogel mit wallenden Flügeln über blauenden Wäldern zieht.

Unschön und dieser Landschaft fremd ist der Zinnenturm in seiner jetzigen Gestalt, aber er erhebt dich noch einmal höher über Tal und Wald, Stadt und Burg. Die Landschaft zieht ihren großen Kreis. Über der Grauwakkenkuppe des Galgenberges fahren die weißen Wolken wie Schiffe herauf. Diese groß und einfach an den Himmel geschriebene Linie des nahen Hügels mit dem weißen Glanz der Wolken darüber lockt nicht minder stark in die dahinter ahnbare Ferne wie die Ferne selbst, die rundum ihre hohen Wahrzeichen in den Horizont erhebt. Dörfer auf den Hochebenen leuchten wie bunte Schmucksachen im Glanz der Sonne. Die vierzackige Silhouette von Stolpen erhebt sich über den gewölbten Linien der Granitlandschaft wie eine zarte blaue Krone. Über den grünen Hochflächen um Rathewalde baut der Borsberg seinen dunklen Wall auf. Die Bastei grüßt aus hohen Wäldern. Die Bärensteine und der Rauenstein, der Cottaer Spitzberg und der ferne Wilisch, der Königstein und der Lilienstein, stark und dunkel wie Türme, und ganz fern auf den erhobenen Terrassen des Erzgebirges der Geising und der böhmische Sattelberg, zart und blau und den Wolken näher als wir – ein hoher Reigen steinerner Gestalten, von Kuppen und Bergen kreist am Horizont. Der Blick verliert sich in der vielgestaltigen Ferne wie in den sehnsüchtigen Landschaften romantischer Maler. Dann rauscht wieder dunkler Wald über nähere Höhen, über deren Saum die dunkelblauen Berge um Sebnitz, der Tanzplan und der Unger, hereinschauen. Das sind die Wälder, durch die die weiße Straße nach dem Brand führt, zu dem man aus dem Wald hinaustritt wie auf einen schmalen Balkon. Tief unten rauscht die Polenz, und über den jenseitigen Wänden zieht um den beherrschenden Lilienstein noch größer das Panorama der Sächsischen Schweiz von der Bastei bis zu der hohen Tafel des Schneeberges und der runden Basaltkuppel des Rosenbergs.

Die gewendelte Treppe führt uns von den Zinnen wieder hinunter in die Burg. Eine Zeit, die wir nicht messen wollen, verweilen wir noch im Felsengarten, an dessen Mauer der wilde Wein rot vor jenseits steigenden Wäldern flammt. Unter uns klettert das bunte Gewürfel der Stadt zur Burg herauf, von der, als sie noch das berüchtigte Gefängnis war, ein Sprichwort sagte: »Wer da kommt nach dem Hohenstein, der kommt selten wieder heim« und von der nun wandernde Jugend nach guter Rast singend in die blaue Ferne zieht.

An Fichtes Wiege

Barockschloß Rammenau

Ein Novembertag. Ein schneeloser, schneidend kalter Novembertag. Die Sonne glänzt blank und blechern. Und der Ostwind pfeift durch Mark und Bein. Landstraßen klingen wie Stein unter dem Schritt.

Bischofswerda stand starr und erfroren, der Kälte preisgegeben – im Sommer kann man sagen: Bischofswerda liegt ... In dieser beinernen, durchpfiffenen Kälte aber stand es. Frierend, gleichsam mit angezogenen Gliedern, in einer leeren, stummen Trostlosigkeit. Die Häuser drängten sich regungslos aneinander, hinter den eisblumenblinden Fenstern schien das Leben erloschen zu sein. Durch die kahlen Gassen schnitt der Wind.

Die gebuckelten Hügel zogen als fahle Kulissen ringsum – als blasse Schatten der sommerlichen Hügellandschaft, die Stendhal entzückte, als er im Gefolge Napoleons von Dresden her der Schlacht bei Bautzen entgegenzog.

Damals – im Mai 1813 – lag Bischofswerda als qualmendes, stinkendes Trümmerfeld inmitten dieser Hügel. Zwischen den Kanonen der weichenden Verbündeten und der nachdrängenden Franzosen ging die kleine Stadt in einer Schreckensnacht in Flammen auf. Nur drei »elende« Häuser blieben verschont.

Stendhal schrieb in sein Tagebuch:

»Die über die Häusermauern ragenden Schornsteine erinnerten mich an Moskau. Der rege Sinn der Einwohner hatte sich bereits wieder betätigt. Die armen Teufel haben die Türen und Fenster der gänzlich ausgebrannten Häuser mit Ziegelsteinen zugemauert. Den Zweck dieser Arbeit sah ich nicht ein; sie erweckte jedoch mein Mitleid. Das gleiche Gefühl bei diesem Anblick entlockte einem alten Wachtmeister unserer Feldgendarmerieeskorte nach langem Stillschweigen die Bemerkung: Wie schade um die kleine Stadt!«

Fünf Jahre später stand Bischofswerda neu erbaut da, Haus um Haus eine Stadt dieser Zeit, in der das deutsche Volk den harten, kargen Weg von Kalisch nach Karlsbad, von der Erhebung zur Enttäuschung ging, jener spartanischen Zeit, aus der die Namen York und Stein, Fichte und Hardenberg, Scharnhorst und Gneisenau noch in unsere Tage hereinklingen.

Sachsen und sein König schwankten damals ruhmlos zwischen den Fronten. Aber Sachsen lag nicht außerhalb der Wirkung des umschaffenden Geistes, der in Preußen erwacht war. Und Bischofswerda, diese kleine sächsische Stadt, die in diesen fünf Jahren aus Brand und Asche neu erstand, einheitlich, unvermischt mit Formen vergangener Jahrhunderte, bewahrt einen herübergewehten Anflug dieses Geistes der Freiheitskriege. Die Bauten, die als Wahrzeichen das Häusergemenge der Bürger überragen und zu denen der Hofbaumeister Thormeier die Risse zeichnete, das Rathaus, die innere Räumlichkeit der Marienkirche, das klassizistische Gasthaus zum Goldenen Löwen an der Landstraße vor der Stadt, sind in den strengeren Formen geschnitten, in denen Gilly und Schinkel die Antike ins Preußisch-Sachliche umprägten. Und im Novemberlicht dieses farbenarmen Tages schien sich, wenn auch ins Sächsisch-Kleinstädtische übertragen, das spartanische Wesen jener Zeit Steins und Scharnhorsts, Schinkels und Schadows sichtbarer als sonst im Antlitz dieser bescheidenen Stadt zu spiegeln.

Rundum lag die Landschaft in einer graubraunen, grauen Farblosigkeit.

Auf ansteigenden frostharten Straßen marschiert man dahin, vom Novemberwind bedrängt.

Kahle Bäume spreizen ihr starres Gezweig. Verharschte Sturzäcker, rauhe Stoppelfelder, dürre graubraune Wiesen, von gefrorenen Maulwurfshügeln braun gebuckelt, von vereisten Wässern in weiße Fesseln gebunden, bedecken die weitbogigen Geländewogen und verschwimmen im Novemberhimmel der Ferne mit den auf- und absteigenden Linien der rauchgrauen Hügel.

Nadelwälder stehen schwarzgrün am Berge, verlassen, vereinsamt, von rauhen Winden durchstoßen, vom kalten Licht in ihrer Blöße preisgegeben. Und doch schon wieder von verheimlichten Regungen erfüllt: in streng verschlossenen Knospen keimt der kommende Frühling, und am Waldrand starren jungfräulichherb und noch schnurfest die Kätzchen am Erlengesträuch.

Durch das Schwarzgrau und Grau und Graubraun und Braun dieses Novembertages schimmern wie durch die dekkende, verschleiernde Schicht eines Abziehbildes die feinen Farbenahnungen kommender Erfüllungen. Und das gibt diesem Novembertag, der zwischen den Steinen der Stadt so farblos und trostlos schien, einen Reichtum verhüllter, verfeinerter Reize. Nun entdeckt man sie da und dort, im Schimmer eines roten Daches unter dem dünnen Niederschlag des Reifes, im kahlen Baum im Feld, dessen Gezweig von schwarzem Chiffon umflort scheint, in der Korallenzartheit rauh bereifter Gräser, in den Eisintarsien eines gefrorenen Tümpels, im rötlichbraunen Samtgestrüpp des durchsonnten Gesträuchs, im bläulichen Silber der verhängten Ferne.

Und man marschiert dahin, hört den hohlen Klang der Schritte auf der gefrorenen Erde und empfindet tief die Wohltat des Gehens auf harter Straße, vom Wind umfacht. Und man fühlt unter der in der Kälte straff brennenden Haut das Kreisen des eigenen Blutes.

Wir stiegen über den Butterberg, einen kleinen bewaldeten Hügel nahe bei Bischofswerda. Oben fröstelt eine Sommerwirtschaft – solche Wirtschaften sehen im November aus, als wären sie pleite; und an allem rüttelt der Wind.

Durch mageres Stangenholz, durch Jungfichtenschläge schlängelt sich ein Pfad hinab ins Ackerland. Auf Feldrainen geht man zwischen gefrorenen Sturzäckern hin, an raschelnden Buschrändern entlang, kommt in einen dünnen Bauernwald und sieht dann zwischen den Stämmen hindurch jenseits der Felder ein Dorf vor sich liegen: Rammenau.

Klein, bedeutungslos liegt es im Novembergrau im Bogen um einen großen, winterlich kahlen Teich, dessen gefrorene Fläche unter der tiefstehenden Sonne wie kaltes Blech blitzt.

Es ist ein eigenartiger Eindruck: man kam durch dürftigen Wald, über kahle Felder – und da liegt ein weltvergessenes Dorf, von grauen Nebeln umraucht, von fernstehenden Hügeln von aller Welt abgeschieden, an einem kalten erstarrten Teich. Und aus diesem lichtlosen Dorfe ging der Mann hervor, auf den Deutschland, auf den Europa hörte – in diesem Rammenau wurde Johann Gottlieb Fichte geboren.

Man schreitet auf das Dorf zu und weiß im voraus: natürlich lebt in dieser grauen Verlassenheit keine Erinnerung an den großen Sohn – und man findet ein Dorf, schmuck, mit reinlichen, farbigen Fachwerkhäusern, und mitten im Dorf zwischen einem Obstbaum und einer Zypresse ein Fichte-Denkmal.

Der mächtige Kopf, überlebensgroß, in dunkler Bronze auf einem steinernen Block über einer geschwungenen Steinbank, blickt auf die Stätte, an der einst das Elternhaus stand.

Hinter dem dunklen Haupt schwebte die Sonne, von ihm bedeckt, den Kopf umstrahlend – es war, als ginge noch von diesem Bronzehaupt aus ein Licht, ein heller Schein in die Welt.

Ein warmes Orgelsummen stand in der winterlichen Luft. Es drang aus der kleinen Kirche auf dem Friedhofshügel.

Wir traten ein. Eben gingen die Bauern in feierlichem

Schwarz, mit hageren Erdgesichtern unter den Zylinderhüten, vom Abendmahle weg, von der Orgel geleitet.

Der Küster schritt an uns vorüber. Er trug die Abendmahlskelche in der Hand, einige zinnerne und einen silbernen, mit Gravierungen und farbigem Email verzierten. Und ohne Anlaß, nur weil wir Fremde waren, blieb er vor uns stehen, klopfte sacht an den silbernen Kelch, daß er leise klang und die Weinneige schwankte und Düfte entströmte, und sprach bedeutsam: »Aus diesem Kelch hat schon Fichte getrunken.« Verbürgt ist das nicht, denn Fichte ging als neunjähriger Knabe aus dem Heimatdorf fort. Aber der Küster gedachte seiner.

Er riet uns, das Schloß zu besehen. Und das Fichte-Museum. Wahrhaftig: Rammenau hat ein Fichte-Museum!

Das Schloß liegt hinterm Dorfe, am Ende einer hohen, festlichen Lindenallee. Ein schönes, weißes Schloß in ländlich heiterem Barock, umrahmt von einem Park mit kostbaren Koniferen, mit Weymuthskiefern und Douglastannen. Wertvolle Gesträuche schliefen in dichten Reisighüllen, der kleine Spiegel eines romantischen Zierteiches lag vereist und erblindet, und hinter den verhängten Fenstern des Schlosses erriet man erkaltete, verlassene Räume. So machte das Schloß den Eindruck einer Stätte längst verrauschter Feste. Und nun, nachdem die Gäste, des Idylls müde und den Winter fliehend, in eine glanzvollere Welt davonzogen und Sang und Klang und Lachen mit ihnen verhallte, schien das Schloß in winterlicher Muße den Festen tiefinnerlich nachzusinnen, während grobe Winterstürme das edle Gefieder der hohen Weymuthskiefern zausten.

In diesem Schlosse entschied sich einst Fichtes Geschick. Freiherr Ernst Haubold v. Miltitz – der Freund Gellerts und Vater und Onkel jener Miltitze, deren Schlösser Siebeneichen und Scharfenberg den Romantikern Novalis und Fouqué zur geistigen Heimstätte wurden – weilte damals als Gast des Grafen v. Hoffmannsegg im Rammenauer Schlosse. Infolge seiner verspäteten Ankunft versäumte er die Predigt des Pfarrers Diendorf, die er gerne hören wollte. Als er das Versäumnis bedauerte, sagte man ihm, halb im Scherz, daß ein Junge, der Sohn eines Bandwirkers, im Dorfe sei, der das Talent habe, eine gehörte Predigt wiederzugeben. Miltitz ließ den Knaben rufen, und der kleine Johann Gottlieb Fichte kam, im leinenen Kittel, mit einem Blumenstrauß, und sprach dem Grafen und der Gesellschaft, diesen und jene fast vergessend, die Predigt vor. Der Knabe sprach, von innerem Feuer durchleuchtet, vom Zuströmen der Gedanken bewegt, bis ihn der Hausherr unterbrach, weil ihm die ernsten Gegenstände der Predigt wenig in die fröhliche Stimmung der Gesellschaft zu passen schienen. Vielleicht auch, weil es ihn seltsam beirrte, seine Gäste von einem achtjährigen Gänsejungen derart bezwungen zu sehen.

Diese merkwürdige Stunde entschied über Fichtes Zukunft. Miltitz, auf den dieser Vorgang einen tiefen Eindruck gemacht hatte, holte den Sohn des armen Bandwebers auf sein Oberauer Schloß und ließ ihn die Meißner Stadtschule, später aber die Fürstenschule Pforta bei Naumburg besuchen.

Des Vaters kühnster Traum war es gewesen, seinen Sohn dereinst als Pfarrer des Dorfes in der kleinen Kirche der ganzen Gemeinde den Segen sprechen zu hören. Davon träumte er, wenn der siebenjährige Gottlieb der Familie das Abendgebet vorlas. Und um den Sohn für seinen Fleiß zu belohnen, brachte ihm der Vater einst aus Bischofswerda die Historie vom hürnenen Siegfried mit. Es war das erste Buch, außer Bibel und Gesangbuch, das dem Knaben in die Hände kam. Und es erfüllte ihn so, daß er darüber im Lernen nachließ und deswegen bestraft wurde. Da entschloß er sich, das geliebte Buch von sich zu tun. Er nahm es und warf es nach langem Kampf und mit äußerster Selbstüberwindung in den Dorfbach. Aber als es dahinschwamm, weinte er bitterlich. So fand ihn der Vater, der den Verlust des Buches als nichts anderes als eine Vernachlässigung seines Geschenkes ansah, und er bestrafte seinen Sohn mit ungewöhnlicher Härte. Später aber, als das vergessen war, kaufte er ihm ein ähnliches Buch, um den Sohn zu erfreuen. Aber da wollte dieser es nicht annehmen, und um nicht neuen Versuchungen zu erliegen, bat er, das Buch lieber seinen Geschwistern zu schenken.

So stark regte sich in diesem still gearteten Knaben schon

der spätere unbeugsame, geradeaus denkende Mann Fichte, als der Vater noch davon träumte, dereinst der Vater eines Dorfpfarrers zu sein. Die Spuren des Elternhauses in Rammenau hat die Zeit getilgt. Nur einige ehrwürdige Reste bewahrt das kleine Heimatmuseum.

Sein Verweser ist der Postagent des Dorfes, ein stiller, freundlicher Mann mit einem kurzgekrausten Vollbart. Er stand bereitwillig vom Kaffeetisch auf und ging, wie er war, barhäuptig und in Strickjacke und Pantoffeln, mit uns und schloß uns das kleine, winterkalte Museum auf, das vor allem sein und seines Vaters Werk ist. Es ist ein Heimatmuseum mit Gesteinen, Geräten und Antiquitäten aus dieser kleinen Rammenauer Welt.

In einer Ecke liegen in verglasten Kästen die Fichte-Andenken: Bilder seiner Eltern, Bilder und Briefe von ihm und von Zeitgenossen, eine Stammtafel seines Geschlechts, vom Postagenten mit unsäglicher Geduld geschrieben. Erstausgaben seiner Werke. Es sind kleine Dinge, aber man betrachtet sie, erfreut durch die pietätvolle Liebe, die das alles zusammentrug, der noch ein winziges Zettelchen teuer war, und die einen schlichten Postagenten zu einem kleinen, warmherzigen Fichteforscher werden ließ, der treulich alles kennt, was an den Philosophen in den Grenzen seines versteckten Heimatdorfes erinnert.

Zwei Gegenstände dieser kleinen Sammlung betrachtet man mit stärkerer Bewegung: die hölzerne Wiege und die bäuerliche Uhr aus Fichtes Elternhaus. Uhr und Wiege – diese beiden Symbole menschlichen Kommens, Daseins und Vergehens blieben erhalten. Die Wiege, die Fichtes erste, unbewußte Atemzüge umschloß, und über die sich seine Mutter neigte, ahnungslos, wessen Mutter sie geworden, und die Uhr, die die Stunden seiner Kindheit abzählte. Unwillkürlich bringt man die Wiege zum Schwingen und sieht sinnend in dieses erste Gehäuse eines Menschen, auf dessen Stimme eine Nation hörte. Und unser Führer rührte an das verstaubte Werk der Uhr, die eine Glocke aus durchsichtigem Glas hat: zwölf helle, gläserne Schläge klangen durch den kleinen Raum, als erwache eine versunkene Zeit nach einem Jahrhundert noch einmal, indes die Wiege lautlos ausschwang und weiter träumte.

Als wir im winterabendlichen Dunkel, vom Novembersturm rauh umbraust, unter den Sternen dahin, über wogende Feldhöhen und an nachtbleichen Gewässern vorüber nach Großharthau schritten, klang der gläserne Glockenschlag der Uhr im Ohre nach wie eine helle Mahnung, daß die Ideale, die Fichte in seinen Reden an die deutsche Nation seinem Volke als Ziele setzte, in unseren Tagen erneut und dringlicher denn je auf Erfüllung drängen: Bildung nicht als auswendig zu lernendes Wissen, sondern als Erziehung des ganzen Menschen, und nicht als Sonderrecht einzelner Stände, sondern als Angelegenheit der Gesamtheit des Volkes zu betreiben.

Ostern in Bautzen

Bautzen. Blick über die Spree gegen die Fischergasse

Ein Unstern flackerte über dieser Osterfahrt nach Bautzen. Um fünf Uhr morgens schon rasselten alle Straßenbahnen gepreßt voll, als glasumschlossene Menschentrauben, durch die Haltestellen. Der Frühzug dampfte hohnlachend davon. Und dann fuhr man, drei Stunden später, im vollgepferchten Bahnwagen stehend, das eine Bein gegen eine dicke Frau gequetscht, die auf einer Kiste saß und in deren träges Fleisch man langsam hineinzuwachsen schien, das andere Bein zwischen die Knie eines schlafenden Alten geklemmt, in der vierten Klasse, bei ängstlich geschlossenen Fenstern und qualmenden Pfeifen sechster Klasse.

Eingeklemmt in die gleichfalls eingeklemmten Mitfahrgäste wird man Bautzen entgegengeschüttelt. Voller Sehnsucht nach der Sonne und dem Wind draußen äugt man durch die Fenster. Schließlich ergibt man sich, bestarrt den Rücken des Vordermanns, zählt die Farbtupfer im Gewebe seines Ulsters, denkt: ja, kommenden Winter wird für dich die Ulsterfrage auch aktuell …

Da, als man es gerade gar nicht erhoffte, schwebt draußen die Stadt Bautzen herauf, vorbei. Im Licht des Ostertags. Hoch auf der Granitbastei über der Spree. Schon auf den ersten Blick ganz übersehbar und vollendet, reich und unbeschreiblich schön. Der Anblick ist beglückend. Es ist, als würde in der dumpfen Enge des Zuges auf dieser Fahrt durch das wendische Sachsen, ein Fenster mit dem Blick in ein südlicheres Deutschland weit aufgetan. Man denkt an Albrecht Dürer, an die Städtebilder, vor die er die Madonnen, die betenden Heiligen seiner Kupferstiche und Holzschnitte setzte.

Es dauert nur ein kurzes Weilchen, daß man die Stadt so durch die Fenster des fahrenden Zuges vorbeischweben sieht. Aber das Bild bleibt auf der Netzhaut haften.

Geht man durch die Straßen, Gassen und Gäßchen der Stadt, so ist eigentlich nichts da, was unübertroffen wäre. Reizvolles, Entzückendes gibt es im Überfluß. Stille Gassen, in denen kleinstädtische Behaglichkeit wohnt. Alte Bürgerstraßen mit vornehmen Häusern, ziervoll geschmückt wie hohe, köstliche Schmuckschreine des Barock und Rokoko. Durch die kühlschattenden Tore der alten Wehrtürme sieht man hinaus in die sonnige Beschaulichkeit umschlossener Plätze, auf das geröstete Braun tieferliegender Dächer, auf Efeugerank um alte Mauern, über die blühende Forsythienzweige hängen, wiegen, sich zu goldnen Lauben verflechten. Zwischen Mauern, Toren, Türmen steigt man Treppen hinab, die ins Grüne führen oder wieder in anderen, tieferen Gassen münden. Ein Ausblick öffnet sich überraschend reizvoll, auf die Spree in der Tiefe, auf schwarze Granitklippen drüben, auf grünende Fluren und tiefblaue Berge.

Eine zerbrochene Kirchenruine klafft am Hang. Die Mauerreste stehen ohne Dach. Durch das gotische Maßwerk der leeren Fenster blaut der Himmel. Im Schiff, von den Wänden beschirmt, von Gras und Efeu umwachsen, von Blumen besternt, liegen Gräber eng beieinander. Der Friedhof wuchs in die Ruine hinein. Amseln flöten drüber hin.

Zwischen breiten Mauern schlendert man dahin. Halb liegt die Stadt am Hang abwärts, halb steigt sie aufwärts empor. Die Ortenburg horstet auf hoher Klippe steil über schmalen Steingassen. Und wieder führt ein Treppengäßchen aufwärts. Ein Turm mit einem Tor unter sich schließt wieder eine andere Gasse ab, durch die man noch nicht ging.

Man wandert umher, immer wieder in diesen zwei Tagen, und entdeckt immer hübschere Winkel. Und immer wieder freut man sich über den Blick an Barockschrein-Häusern vorbei nach dem graziösen Rathausturm, nach dem Riesendach des dunklen Domes St. Peter mit seinem gedrungen aufstrebenden Turm, den die gespitzte Barockhaube so bedeutsam krönt.

Köstlich sind die Türme im Kreise um den Kern der Stadt. Jeder hat einen anderen Umriß. Jeder eine andere Bedachung. Viereckig sind die einen, rund andere. Strebt der eine hoch auf, spießt er über dem Dache eine hohe, spitze Nadel zum Himmel, so duckt sich der andere dick und untersetzt unter einem flachwinkligen Kegeldach. Einer trägt auf der barockgewölbten Bedachung eine steinerne Laube, ein anderer stülpt sich einen dicken Helm auf, ein dritter trägt auf flacher Zinne ein kleines, spitzes Hütlein.

Unendlich mannigfaltig sind die Gruppierungen, in denen sich die Türme ins Stadtbild stellen. Immerfort wechselt ihr Zueinander, ihr Dastehen über Dächern, im Blick durch winklige Gassen.

Das gibt der Stadt ihre Schönheit, das Zusammenspiel, das Beieinander all der Einzelheiten. Nichts ist da, was unübertroffen wäre. Aber alles, was da ist, ist voller Reize.

Unvergeßlich schön ist der Anblick der ganzen Stadt. Käme man nur einmal für eine Stunde nach Bautzen, so sollte man in dieser Stunde von der hochbogigen Brücke, vom Proitschenberg, von der Schießbleiche aus das Bild umfassen, das Bild dieser Stadt auf der Granitbastei hoch über der dunkelziehenden, über Wehre rauschenden Spree. Mit ihren Kirchen und steinernen Türmen, mit ihren Mauern und ihrer Burg. Mit ihren Häuselchen, die sich in der Spree spiegeln, da weiß getüncht, mit grünen und roten Fensterläden, da gelblich alternd, mit blaugestrichenen Türpfosten. Mit alten Häusern, die im Zickzack übereinandergestellt, ineinandergeschoben, in Reihen und einzeln verstreut, in malerischen Überschneidungen an Felswänden hinauf und hinab zu klettern scheinen. Mit grünen und braunen und blauen Turmspitzen und Turmhauben über dem Geschiebe rotbrauner Ziegeldächer. Mit schwärzlichem Granitfels. Mit grünen, schräghängenden Gärtchen dazwischen. Mit blauem Rauch vor braunschwarzem Gemäuer. Mit Rasenplänen über Felsstürzen. Mit Steingassen unter holdgebogenen Forsythienlauben. Mit Friedhofszypressen über krummen Stadtmauern. Und mit dem zarten Schleier von silbrig glänzendem Geäst, grün aufbrechenden Trieben und weißen Blüten, den der Frühling über das Ganze breitet.

So umfaßt man die Stadt. Und man begreift, warum man von ihr als vom sächsischen Nürnberg spricht, warum man sie mit Rothenburg ob der Tauber verglichen hat. Man weiß aber auch sogleich, daß man dieser Stadt mit Vergleichen unrecht tut, denn sie besteht in ihrer ganz eigenen Schönheit. Und sie hat ihre Besonderheit darin, daß es da, fast fremdartig anmutend und doch so eng mit der Landschaft verwachsen, an diesem Stück sächsischer Spree, mitten in einem Kranz wendischer Dörfer, umklungen von wendischen Sprachlauten, durchsetzt mit slawischem Geblüt, eine so süddeutsch, so dürerhaft anmutende Stadt gibt.

Am Abend, wenn längst der Widerschein der untergehenden Sonne in den Fenstern der dunkelragenden Ortenburg verglüht ist, am Abend, wenn das Spreewehr weiß unterm Sternenhimmel rauscht, sitzt man im Gasthaus. Die Kellnerin, ein freundlich-stilles Wesen, stellt einen kleinen Krug von geschliffenem Glas mit rotem Wein auf den Tisch und schüttet noch eine Schaufel Kohlen in den Ofen – draußen preßt sich der nächtlich-herbe Osterwind gegen die verhängten Scheiben.

Und man studiert noch einmal die Geschichte dieser Stadt, dringt in ihre bewegten Schicksale ein. Da gewinnt die Festigkeit, mit der die Stadt sich ihr deutsches Gesicht wahrte, einen Zug von Ewigkeit.

Deutsche Könige, sächsische und brandenburgische Markgrafen, polnische Fürsten, böhmische und ungarische Könige und wieder sächsische Kurfürsten und meißnische

Bischöfe waren nacheinander Herren dieser Stadt. Brände haben sie immer wieder verwüstet. Sachsen und Hussiten, Wallensteiner und Kroaten, Schweden und Polen, friederizianische und napoleonische Heere haben um ihre Mauern gekämpft. Soldaten aller Herren haben in ihr Kriegslager gehalten. Kämpfe der Zünfte um das Stadtregiment wurden in ihren Gassen ausgefochten. Im Lausitzer Sechsstädtebund hat sie gegen raubritterliche Buschklepper mitgestritten. Alle Schicksale einer unaufhörlich bedrängten, unaufhörlich umstrittenen Grenzburg hat die Stadt erlitten. Und durch alle Fährnisse und Abenteuer hindurch ist sie die deutsche, dürerhafte Stadt geblieben.

Am nächsten Morgen geht man über einst umkämpfte Wälle, die nun als friedliche Promenaden unter alten Bäumen die Stadt umziehen, nach dem Taucherfriedhof. Es ist ein Zypressenwald mit uralten Grabmalen und einem friedsamen, grünbetürmten Kirchlein. Von dunklen Zypressen ernst umstanden, schlafen da Tote des Weltkrieges. Sie starben den Lazarettod. Nun schlafen sie in Reihen, eng beieinander. In jedem Grab steckt ein simples Holzkreuz. Regen und Wind verwischten schon manchen Namen. Man hat die Gräber mit Schwertlilien bepflanzt. Alljährlich im Frühling schieben sich nun die flachen Blattschwerter aus der Erde, als steckten die Toten ihre Bajonette heraus. Grab um Grab: grüne Bajonette. Als mahnten die Toten: das ist das Zeichen unseres Sterbens. Wir alle lebten noch, wir atmeten die Frühlingsluft, wir blickten in den Glanz dieses Ostertages wie du, wären nicht die Bajonette gewesen. Die Bajonette – das Zeichen des Krieges. Sieh – wir strecken sie heraus. Sie sind grün und weich und biegsam. Wir strecken sie heraus, alljährlich im Frühling – als Mahnung zum Frieden, zum Frieden …

Und dann schlendert man noch einmal durch Gassen, durch Tore, hinter denen die Sonne leuchtet, steigt Treppen und Gäßchen auf und ab. Und immer ist es, als klinge es in der Luft: Vom Eise befreit sind Ströme und Bäche durch des Frühlings holden, belebenden Blick; im Tale grünet Hoffnungsglück …

An den alten Mauern, an denen die Grenzkämpfe vergangener Jahrhunderte heraufbrandeten, kleben noch die

Plakate, die die Oberschlesier mit schwarzen Lettern über grünem Eichblattgrund mahnten: Oberschlesier, stimmt am 20. März für Deutschland! Überall kleben die Plakate noch und rufen diese Parole in den Hoffnungsfrühling.

Und dann steigt man hinauf auf den Turm des Domes St. Peter, während hinter den Mauern die Meßnerglocke des katholischen Hochamtes silbern klingelt. Durch die Behausung der Türmerleute, in der unter wirrem Gebälk sich der Hausrat schmiegt, klettert man hinauf in die Haube und blickt reihum durch die Luken hinab auf die Stadt, auf die Burg, auf Spree und Türme und Felsen und Dächer, und hinaus ins weite sonnige Land.

Da fallen einem die Plakate ein und die grünen Bajonette des Taucherfriedhofs. Unwillkürlich sieht man über die Stadt hinweg, hinaus ins Land, wo hinter blauen Bergen Schlesien liegt.

Und die Geschichte ganzer Jahrhunderte schrumpft zusammen zur Tatsache dieses Plakats an alten Mauern, um die einmal Grenzkämpfe tobten.

Am Nachmittag zogen wir hinaus in das osterlich schimmernde Land. Von der kleinen Bahnstation gingen wir hinauf nach Hochkirch, dessen weiße Kirche auf dem Hügel mit ihrem Barockturm in einer bayrischen Landschaft stehen könnte.

An der Mauer, die Kirche und Friedhof umzieht, verbluteten die friederizianischen Soldaten in jener schlimmen Schlacht. Blutgasse nennen die Leute daher diesen schmalen Weg an der Mauer entlang, an der auf Tafeln geschrieben steht, daß das schnelle Fahren und Reiten durch diese Gasse verboten ist.

Wir traten in die Kirche ein. Eine wendische Trauung fand eben statt. Die Orgel sprang in mächtigen Tonsätzen wie in aufwärts stürzenden Kaskaden hinauf zu einem sieghaften Brausen, unter dem die Glasfenster der Emporen zitterten. Das Brautpaar schritt dem blumengeschmückten Altar entgegen. Zwei Freunde und zwei Freundinnen kamen mit. Sie trugen Sträuße aus künstlichen Blumen steif vor sich her. Keine Eltern kamen mit. Zwei alte Mütterchen in Kopftüchern saßen tief in den Seitenbänken. Sonst war die Kirche leer. Die Sonne schien herein.

Der junge Mann sah hart und trotzig starr vor sich hin, die Braut im schlichtschwarzen Kleid und ohne Kranz schlug reglos, ernst verschlossen die Augen nieder, während der Pastor sprach. Er sprach wendisch.

In den Kirchbänken lagen wendische Gesangbücher. Ich fand, daß die Wenden, die in diesem Strich evangelischen Glaubens sind, das Lutherlied »Ein feste Burg«, diese Marseillaise der Reformation, wie Heine das Trutzlied nannte, so singen: Jed'n twerdy rod je nasch Boh ßan, bron dobra, ßylna skłala. Won se wschej musy pomha nam, kiz je nas sapschijala, sly stary nepscheczel by nas rad pozrecz zyl, won jora mozny je, a ma doß leßnoszje tu psches njho nichto neje.

Als der Pastor endete, antwortete das Paar, er trotzvoll und rauh, mit einem Blick geradeaus, sie leise und fest: Hei. Der Pastor traute und segnete sie. Die Mütterchen guckten aus ihren Kopftüchern. Das Paar umschritt den Altar und schritt hinaus in den lachenden Ostertag, er harten Gesichts, sie gesenkten Blicks, indes die Orgel über leeren Bänken hinbrauste.

Der weltlich-freundliche Pastor deutete an, daß diese seltsame Trauung, umglänzt vom Licht des Ostertags, der Abschluß – oder der Beginn? – eines dörflichen Romans gewesen sei. Und dann sagte er dem Organisten, der als Vertreter vom Nachbardorfe kam und nun an sein Fahrrad ging, heiter lächelnd, daß er ja mächtige Posaunen gezogen habe.

Am Altar blühten Azaleen. Eine Kindtaufe kam. Das Quäken des Täuflings unter Spitzen klang ganz klein und winzig in der leeren Kirche. Die Sonne schien herein.

Wir wanderten durch grünende Felder, über die der Wind strich, durch Wiesen, in denen Buschwindröschen und Himmelschlüssel blühten, stiegen durch Fichtenwald hinauf auf den Czorneboh und sahen von seiner dunklen Kuppe weit, weit hinaus in das vielgestaltige, bewegte, wogende Bergland, über dem die sinkende Sonne ein schimmerndes Spiel mit Wolken und Lichtern und Schleiern und Strahlenfächern trieb. Lange sahen wir hinaus.

Dann stiegen wir hinab nach Cunewalde, in dem der Dichter Wilhelm von Polenz geboren wurde.

Wir schritten durch das Dorf mit seinen kleinen Häuseln und stattlichen Gutshöfen, die alle hölzerne Rundbogen um blumengeschmückte Fenster, hölzernen Oberbau, weißes Mauerwerk und manchmal schieferverblendete Giebel mit schwarzweißen Mustern haben.

Bei einem Weber traten wir ein und standen in der »hilzernen Stube« mit ihren blitzblanken Dielen, Tischen und Fenstern, mit dem gelben Kachelofen, groß wie eine Burg, und dem altersgebräunten Handwebstuhl unter der tiefen Balkendecke.

Der graue Weber kletterte freundlich bereit in den Stuhl, zeigte und erklärte Spulen und Schützen, Schuß und Kette. Und dann webte er ein Stückchen weiter an dem glänzend weißen baumwollenen Hemdentuch, ließ den Webstuhl klappern und freute sich. Und indes der Schützen hin und wider schoß, und die tausend Fäden der Kette sich hoben und senkten, hoben und senkten, erzählte er uns, daß es für den vollen Baum, den er da hatte, für hundert Meter feines Hemdentuch achtundvierzig Mark Weberlohn gibt – achtundvierzig Pfennige für einen Meter.

Die dargebotene Zigarre nahm er dankend wie ein königliches Geschenk.

Als wir zum Bahnhof kamen, war der Zug längst fort.

Ein Unstern flackerte …

Wir marschierten durch Dörfer, in denen Tanzmusik hinter hellen Fenstern klang, zwischen einsamen Feldern dahin nach Bautzen. Drei Stunden lang durch die Nacht, unter einem Sternenhimmel. Die Venus glänzte und versank allmählich trübrot im Dunst. In den Senkungen schimmerten die Lichter der Dörfer in der Nacht.

Vor uns stieg langsam der Schein und endlich das Lichtgefunkel von Bautzen herauf.

Neugersdorf

Zwei Quellen streiten sich um die Ehre, Quelle der Spree zu sein. Die amtlichen Karten erkennen beide an und bezeichnen beide Quellarme als Spree. Die Neugersdorfer aber sind überzeugt, daß ihre Quelle die Quelle der Spree ist, und nennen den anderen Spreelauf geringschätzig »Ewerbach«, was Oberbach bedeutet, und vielleicht verdankt gar die Weberstadt Ebersbach, in deren Mitte die beiden Spreearme zusammenfließen, ihren Namen – trotz dem Eber im Wappen der Stadt – dem »Ewerbach«, wie etwa die Bahnstation bei dem märkischen Liebenberg in kuriosem Mißverständnis der plattdeutschen Form Levenberg amtlich Löwenberg getauft und schließlich auch der Ort selbst so genannt wurde.

Neugersdorf, die lausitzische Weberstadt hart an der böhmischen Grenze, hat mit ihrer Spreequelle schon mancherlei Nöte gehabt. In der prosaischen Nähe von Fabriken und Bahngleisen liegt im sumpfigen Wiesenwinkel der Spreeborn, der lange Zeit als Spreequelle gegolten hat.

Noch heute hält ein »Gasthaus zur Spreequelle« in der Nähe die Erinnerung daran standhaft aufrecht. Ein Pavillon aus der Zeit der Gußeisenrenaissance, geschmückt mit den Wappen der sächsischen und preußischen Spreestädte, beschirmt den kleinen ruhenden Wasserspiegel im Viereck der morschen Fassung. Eine Inschrift bezeichnet dieses Wasser als »historischen Spreeborn nach Graf Moltke«, weil der Generalstabschef seinerzeit, als er im Streit um die Spreequelle um eine Entscheidung angerufen wurde, auf die Bezeichnung dieser Quelle auf den Generalstabskarten als Spreeborn verwies, »während die östlich von Ebersbach am Kottmar und die in den Gersdorfer Pfarrwiesen entstehenden Quellen keine derartige Bezeichnung auf den Generalstabskarten tragen«. Der Streit war entbrannt, nachdem kurz nach der Erbauung des Pavillons die eigentliche Neugersdorfer Spreequelle festgestellt worden war und außerdem die Walddorfer auch »ihre« Quelle am Westabhang des Kottmar fassen ließen und feierlich als Spreequelle einweihten.

Das vorsichtige Urteil des Grafen Moltke hat den Spreeborn nicht davor bewahren können, daß ihm die neuentdeckte Quelle auf den Neugersdorfer Pfarrwiesen den Rang ablief, und 1888 wurde auch diese gefaßt, mit einem eisernen Geländer umgeben und mit Linden umpflanzt. Der Spreeborn kam seitdem ziemlich herunter, er verlor buchstäblich seine Fassung, und der Pavillon steht nun halb vergessen hinter dem schnöden Fabrikzaun.

Aber auch der anerkannten Spreequelle, die seit 1888 im Schatten der Linden sprang, war kein dauerndes Glück beschieden. Als das Gelände mit Straßen und Häusern bebaut wurde, versiegte sie plötzlich – die Kanalisation hatte ihr das Wasser abgegraben, und guter Rat war teuer. Schließlich fing man sie ein Stück davon entfernt vor dem neuen, sehr großzügig angelegten Volksbad wieder ab, faßte sie, setzte das Geländer mit der Inschrift von 1888 dorthin und pflanzte auch vier junge Linden an – vorläufig freilich sind die Baumpfähle stärker als die Lindenstämmchen. Nun entspringt die Spree dort, zwischen Volksbad und Siedlungshäusern, aber die Neugersdorfer gestehen bedauernd ein, daß es eigentlich nicht mehr die echte Spreequelle, sondern nur ein künstlich geschaffener Überlauf unterirdisch zufließender Quellwässer ist. Auch der Abfluß ist nicht mehr sichtbar; das gefangene Wasser speist das Schwimmbecken des Freilichtbades, und dann erst fließt die junge Spree zwischen Schlachthof und Friedhof, Bahngleisen und Fabriken am unfertigen Rand der Stadt ihrem künftigen Schicksal entgegen, umklungen von den rollenden Lauten der Oberlausitzer Mundart – »kumm ok harr, do gitt drr Waag«, was man übersetzen muß: »Komm her, da geht der Weg« – und ohne Ahnung davon, daß an ihren Ufern noch niederlausitzisch, wendisch, märkisch und schließlich berlinisch gesprochen werden wird, und daß sie, wenn sie hören könnte, am Reichstagsufer die mehr oder minder gemilderten Dialekte sämtlicher deutschen Stämme und die widerstreitenden Stimmen aller – ach, wie vieler! – deutschen Parteien vernehmen könnte. Zunächst ist es ihre politische Sendung, auf ihrem Lauf zwischen Neugersdorf und Ebersbach die Grenze zwischen Sachsen und Böhmen, zwischen Deutschland und der Tschechoslowakei zu bilden; hüben in Sachsen rasseln die großen Textilfabriken, scharren die Webstühle, sausen die Spindeln, qualmen die Schornsteinwälder von Neugersdorf, drüben in Böhmen wallen die Litaneien katholischer Prozessionen aus der zweitürmigen Wallfahrtskirche von Filippsdorf zum Himmel.

Von der Neugersdorfer Spreequelle quer hinüber zur Spreequelle am Kottmar ist es ein einstündiger Gang aus dem Lärm der Arbeit in die Stille der grünen Berglandschaft, aus dem steinernen Wald der Fabrikschornsteine in den Fichten- und Buchenwald. Unterwegs bewarf ein heftiger Graupelschauer unsere Hüte. Um so wärmer leuchtete nachher die Sonne, um so beglückender war dann auf der Klingsteinkuppe des Kottmar die Fernsicht, und sie war mit den vorhergegangenen verdrießlichen Regenwochen nicht zu teuer erkauft, denn nun war die Luft reingewaschen von allen Dünsten, und eine herzerfrischend schöne Sicht war aufgetan von den Steinen der Sächsischen Schweiz, den Basalt- und Phonolithkegeln Böhmens bis zum Jeschken, dessen beschneite Spitze aus den kommenden und gehenden Schatten der Wolken aufragte, und bis zum Riesengebirge, das weiß beschneit im Sonnenlicht dieses schönen Ostertages wie eine ungeheure Schneewehe leuchtete. Der 583 Meter hohe Kottmar erhebt sich, wie die meisten Vulkankegel der Lausitz, einzeln stehend aus den grünen Talwannen, und da er ziemlich im Mittelpunkt der aus hohen Granitrücken, dicht besiedelten Tälern vielgestaltig und landschaftlich sehr reizvoll gebildeten Oberlausitz liegt, bietet er einen Überblick über das ganze Gebiet, von der Görlitzer Landeskrone bis zum Milleschauer bei Teplitz, vom Riesengebirge bis ins Meißener Land.

Am Westhang des Kottmar, in dessen Nähe die Wasserscheide zwischen Spree und Neiße, Elbe und Oder, Nord- und Ostsee verläuft, entspringt unter hochstämmigen Buchen, umfaßt von einem ernsten Kriegerehrenmal, die Walddorfer Spreequelle. Mögen nun die Neugersdorfer darob grollen – man hat vor diesem quellenden Becken, dem das schmale Wässerchen entfließt, stärker den Eindruck: Quelle. Ringsum steht der hohe stille Wald, schwarzgraue Klingsteinblöcke liegen umher, Fichten umschließen hinter den silbergrauen Stämmen die Buchenhalle mit dunkelgrünen Wänden, und nichts ist zu hören als der leise klingende Laut quellenden Wassers. Wir sind dem Wässerchen gefolgt durch Stangenholz, durch Fichtendickicht, wo es unter schwellenden Moospolstern halb versteckt dahinrinnt, so daß man ihm nur mit gespreizten Beinen, einen Fuß hüben, den anderen drüben, unter Zweigen gebückt nachgehen kann. Die eifrigen Wellen haben den Kies so rein gewaschen, daß die hineingestoßene Stahlspitze des Stockes glänzend wird wie eine Lanzenspitze. Es ist lustig zu denken: dieses schmale Wässerchen, das da unter meinen gespreizten Beinen hinfließt, dieses Rinnsal im Wald, das ist die Spree, die Berliner Spree, unter der hinweg in einem Tunnel Straßenbahnen fahren, in der Dom und Schloß, Bahnhöfe und Museen, Theater und Markthallen einer Riesenstadt sich spiegeln werden; und es ist seltsam zu denken: auch in diesem Wässerchen suchen und finden einmal Menschen den Tod.

Wir sind der Spree weiter gefolgt durch Wiesen, durch lange Dörfer. Im Rasen um die sauberen hellgrau, weiß, hellblau gestrichenen Holzlaubenhäuser blühen Narzissen.

Gelbe Narzissen im Gras in allen Gärten. In Ebersbach fließt die Neugersdorfer Spree zu, und nun wird es schon ein junger starker Fluß, der Mühlen treibt und in der Industrie beschäftigt wird. Und von allen Seiten längs der endlosen Dorfreihen in den Tälern fließen ihr Wässer zu, und als wir in Neusalza-Spremberg zur Ruhe gingen, hörten wir das weiße Wehr nächtlich rauschen.

Am nächsten Morgen gingen wir weiter mit der Spree, abseits der vom Autostaub rauchenden Staatsstraße, auf Uferwegen und grün gesäumten Dorfstraßen durch Dörfer, die nie ein Ende nehmen, weil ein Dorf sich mit dem anderen berührt. In Taubenheim, dem schönsten dieser Spreedörfer, das wie ein Inbegriff oberlausitzischer Siedlungs- und Bauweise wirkt, strömt die Spree eine Weile glatt und still unter alten Erlen hin; nun ist sie schon drei und vier und fünf Meter breit, und auf ihren Wellen wiegt sich der erste Kahn – es wirkt inmitten der bewaldeten Berge wie ein kleiner Entwurf zum Spreewald.

Bei Sohland wendet sich die Spree plötzlich aus der westlichen in die nördliche Richtung; sie umfließt den Kälberstein in großem Bogen. Er zwang sie bisher, westlich zu fließen, und nun durchbricht sic in schönem Engtal den langen Granitrücken, der vom Valtenberg über den Kälberstein zum Bieleboh zieht, an einer lockeren Stelle. Der Uferweg wird zur Waldpromenade; unten rauscht die Spree über granitene Trümmer, weiße Schäume leuchten herauf. Und dann liegt auf steilem Ufer die alte, lange Zeit böhmische Stadt Schirgiswalde, mit der wie eine Burg auf der Granitklippe ragenden zweitürmigen katholischen Kirche. An diesem Tag mischte sich das Glockengeläut mit dem vielstimmigen Trubel des Jahrmarktes, der den engen Markt ganz erfüllte, und der Wind bauschte weiße und blaue Zelte, hinter denen man die alten hölzernen Marktlauben erst suchen mußte.

Wir gingen noch ein Stück mit der Spree, in deren Tal nun der Mönchswalder Berg, der Drohmberg und von ferne der dunkle Czorneboh hereinblicken. Goldgelbe Sumpfdotterblumen säumen ihre grünen Ufer. Dörfer reihen sich an ihrem gewundenen Lauf auf, bis sie von Singwitz an ein tiefes enges Bett in den Granit einschneidet und durch diese sogenannte Skala dem mittelalterlichen Stadtbild von Bautzen, diesem »Nürnberg in Sachsen«, entgegenfließt – doch das ist, um an der Spree mit Fontane zu reden, »ein weites Feld«, und unsere Wanderung war für diesmal zu Ende. Wir ließen die Spree ziehen, ihrem Ziele, dem großen, ferne rauschenden Berlin entgegen.

Kamenz. Die Postmeilensäule von 1725 an der Königsbrücker Straße

Kamenz liegt auf einem Granithügel, der nach Norden in die Ebene abgleitet, im Süden aber steil in das Tälchen der dort erst bachbreiten Schwarzen Elster abfällt.

Am Fuße des Hügels gibt es stille grüne Winkel. Die katholische Kapelle St. Maria Magdalena erhebt ihr dickes

Türmchen mit grünem Dach im Gassenwinkel halb verwunschen aus einer Dornröschenhecke über und über blühender Kletterrosen. Drinnen neigt sich die Gemeinde vor der im Kerzenlicht funkelnden Monstranz, während dreimal silbernes Geklingel über sie hinrieselt.

Die Gassen der Stadt steigen auf und ab. Schmale, sehr reinliche Gassen mit kleinen, hellen, weinberankten Häusern in geschlossenen Reihen. Oben liegt der ebene rechtwinklige Markt mit dem schönen toskanischen Andreasbrunnen und dem Rathaus. Sein schlanker »Campanile« und seine Sgraffitofassaden bringen einen fremdartigen, beinahe norditalienischen Zierat in das Bild dieser ganz deutsch angelegten Stadt. In reizvollem Gegensatz dazu erinnert die märkische Gotik der wendischen Kirche, an deren Giebel japanischer Hopfen im Winde wie eine schuppig geflochtene Matte wallt, an Städtebilder des norddeutschen Flachlandes. Der Gegensatz wird noch betont, wenn über diesen Markt wendische Frauen in schaukelnden Bauscheröcken, schwarzen Spenzern und geflügelten Hauben gehen und ihr Erscheinen daran erinnert, daß Kamenz auf altslawischem Boden am Rande noch heute wendisch besiedelter Gebiete liegt.

Das Stadtbild beherrschend, weithin sichtbar und weithin blickend, erhebt sich hart am südlichen Steilhang des Stadthügels die Hauptkirche St. Marien. Das ist die Kirche, in der Lessings Vater gepredigt hat. Der Friedhof umgibt sie. Reste der alten Stadtmauer bilden die Friedhofsmauer. Jenseits der Mauer hält sich die Katechismuskapelle mit starken Strebepfeilern am Felsenhang fest; fast droht sie abzurutschen. Es macht den Eindruck, als habe sie sich von der Hauptkirche abgegliedert und sei über die Mauer geklettert. Wie ein grasendes Kirchenkälbchen neben der hochbetagten Mutter nimmt sie sich aus.

Der Eindruck einer vor sich gegangenen Abgliederung wird noch dadurch verstärkt, daß die Hauptkirche selbst im Begriffe scheint, sich noch weiter zu gliedern. Die Kirche hat merkwürdigerweise vier Schiffe. Der Bau des vierten Schiffes soll, als die Kirche schon fast fertig war, von den Zünften im Verlauf ihrer Kämpfe mit den Patriziern um die städtische Macht erzwungen worden sein. Da man über die vier Schiffe kaum ein einziges Riesendach bauen konnte, überdachte man das Langhaus mit zwei steilen, ungleich hohen Satteldächern, und weil das ursprüngliche Mittelschiff nun nicht mehr in der Mitte liegt, baut sich der Chor halbseits einem der beiden Ostgiebel vor. Daraus ergibt sich jene bewegte Vielgestaltigkeit, die von eigenwilligem Leben, von noch nicht zur Ruhe gekommenem Geschehen erfüllt scheint. Auch der gereckte Aufbau dieser Kirche auf der Granitklippe trägt dazu bei. Er gibt dem Bau das Strebende, das durch den Turm noch betont wird. Er reckt sich auf vierkantigem Unterbau achteckig auf, wächst hoch über die Steildächer hinaus und trägt über dem Zinnenkranz des dritten Geschosses den hohen Helm, der wie ein Turm für sich über der gotischen Zinne steht.

Eigenartig ist auch das Innere dieser Kirche, das Ineinander der Schiffe und Chöre und Gewölbe und Emporen und Betlauben und Logen, das Gewirr der engen Stiegen und Gänge, der versteckten Winkel hinter Pfeilern und unter granitenen Rippen, unter denen es sich im »finsteren Chor« sitzt wie in kühlen Felsennischen, umschattet von Dämmerungen, mit dem Blick auf das schimmernde Blühen der Altarschnitzereien in der lichtdurchfluteten Tiefe.

Äußerste Steigerung dieses Kirchenganges bietet der Turm. In ihm gipfelt sich die Stadt. Er ist ihr Wahrzeichen. Von Süden kommend, erblickt man ihn, lange bevor das erste Dach der dahinter abfallenden Stadt sichtbar wird. Einem einsamen Obelisken ähnlich, über hügeligen Feldern stehend, ragt er auf. Er beherrscht die Kamenzer Landschaft. Er wird Schlüssel zu ihr, wenn man ihn besteigt.

Windet man sich anfangs in der steinernen Treppenspindel, dann im Zickzack hölzerner Stiegen und Gerüste aufwärts, so hat man das Gefühl, den Menschen immer ferner zu sein und für immer in unbewohnte Einsamkeiten zu entsteigen.

An den Glocken kommt man vorüber. Sie hängen im steinernen Raum, den acht granitene Rippen straff zum Gewölbe binden. Das grünliche Metall trägt verschollene Namen in erhabener Schrift, darunter die der Großväter Lessings, des Bürgermeisters Theophilus Lessing und des

Im Romanusgarten

Pastors Gottfried Feller, und den des Vaters Johann Gottfried Lessing.

Als wir zum zweiten Mal den Turm bestiegen, trafen wir die Türmersleute bei den Glocken an; den Türmer, der tagsüber acht Stunden lang unten in der Spinnerei arbeitet, in langen Nachtwachen die Stunden schlägt und früh und abends und sonntags läutet; und die scheu-freundliche Türmersfrau, die den Glöcknerdienst am Tage versieht. Am hohen Glockenfenster lag ihr kleines schwarzes Marktnetz mit einigen Bierflaschen darin. Sie stieg nachher zum Einholen in die Stadt hinunter. Aber erst half sie, die Menschen in der Tiefe rufen. Sie läutete die kleine Glocke mit der Inschrift: »mein klang dich ruft zum Kirchengang merks vort, got danck sing lobgesang«.

Der Türmer und ein Helfer aus der Stadt schwangen die große Glocke. Das mächtige Rund, einem dröhnenden Gigantenmaule mit ehern lallender Zunge vergleichbar, warf sich, immer wiederkehrend, dem offenen Glockenfenster entgegen. Ihr mächtiges Erzgebrüll erweckte die Vorstellung, daß das schwingende Ungetüm sich vom Gestühl losreißen, steinezerbrechend durchs Fenster fliegen und erzenbrüllend auf die Stadt in der Tiefe stürzen würde, wenn die beiden schmächtigen Männer ihr Ungestüm nicht mit lederumflochtenen Seilen bändigen würden.

Neben den mit gereckten Leibern zerrenden Männern läutete die kleine Frau, stumm, mit einem Gesicht, in dem für diese Dauer nichts zu lesen war als der Widerhall des erzenen Dröhnens.

Beim ersten Besuch, einige Wochen vorher, hingen die Glocken schweigend, lastend, menschenfern im Gestühl. Durch das hohe Fenster wehte mit dem Winde ein verlorener Hauch herauf aus der Stadt; er verwehte flüsternd im ehernen Rund der einsam hängenden Glocken, die leise raunen, wenn man sie mit dem Knöchel eines Fingers berührt.

Und erst oben, in der behaglichen Enge der Türmerwohnung, schlägt der warme Brodem menschlicher Nähe, menschlicher Erdhaftigkeit vertraut und vertraulich dem Steigenden entgegen.

Über die Türmerwohnung hinaus führen verwinkelte Stiegen aufwärts zur kupferbekleideten Laterne, die nur Raum für zwei, drei kurze Schritte bietet.

Unten liegt die Stadt. Heiter und sauber und bunt. Semmelgelb, leuchtend rot, lederbraun und schwärzlich-braun verwirren sich die Dächer ineinander. Da beinahe jedes Dach ältere und jüngere Ziegelflickflecken hat und manche Dächer in allen Ziegeltönen gestreift, gefleckt, gewürfelt, schräg gebändert sind, löst sich die planhafte Ordnung der Straßeneinschnitte auf in ein ganz unregelmäßiges, zufälliges, heiteres Nebeneinander und Durcheinander farbiger Flächen.

Rings um die Stadt breitet sich die Kamenzer Landschaft aus. Hügelige Felder, auf- und abwogende Berge, dunkle Wälder, blinkende Teiche, Dörfer an hellen Straßen. Zunächst sieht man nur vielerlei Einzelheiten. Dann aber begreift man die Linien dieser Landschaft, ihren Aufbau.

In der Ferne, duftig am Horizont, schweben die hohen Kuppen des Lausitzer Gebirges. Vom Valtenberge immer näher heranwogend, gleitet das Bergland abwärts. Unzählige Male, von inneren Spannungen gestaltet, wirft es sich zu spitz aufsteigenden oder rund gewölbten Bergen und Hügeln auf. In großen Kuppelterrassen steigt es herunter. Die Berge werden zu Hügeln, die Hügel sinken zu gestreckteren Zügen ein, die Talbuchtungen werden flacher. Und dann, geradezu mit einem heftigen Ruck, der das herabdrängende Bergland noch einmal zu einer Kette energisch geformter Hügel aufgestaut zu haben scheint, kommt die große Bewegung auf der Linie zum Stehen, die die Stadt Kamenz hält. Der steilabgebrochene Granithügel stellt sich den herandrängenden Bergen wie ein Wellenbrecher, wie ein Prellbock entgegen. Er riegelt das Bergland entschieden ab. Die hochgebaute Kirche, der aufstrebende Turm betonen das noch. Der Turm wirkt wie das erhobene Signal: Bis hierher und nicht weiter!

Hinter dieser Staulinie, im dunstigen Horizont des Nordens entschwindend, breitet sich groß und flach die Ebene aus. Unübersehbare dunkle Wälder überfluten das Land. Hoch über der verschwimmenden Ferne recken sich blaß und dünn die Schornsteine der Braunkohlenreviere um Senftenberg.

Das ist die Landschaft der hundert Teiche. Mit dem Deutsch-Baselitzer Großteich, dem größten Teich Sachsens, beginnt es. Einsam, blau, als blanker ewig erzitternder Spiegel liegt er in den grünen Rahmen seiner Ufer eingespannt. Breite Rohrkolbenwälder, die »Schmakeduzien« der Mark, entziehen streckenweise das offene Wasser den Blikken. Im Gestrichel der grünen Blätter stehen lockend und unerreichbar die schlanken Speere mit den samtbraunen Kolben. Die Schlupfwinkel der Wasservögel verbergen sich in den Schilfdschungeln. Enten schaukeln als dunkle Punkte weit draußen im Wasserglanz. Wenn man die winzigen Krickenten nahe an offener Uferstelle überrascht, verschwinden sie lautlos wie kleine flinke Koboldboote in den schmalen Wassergassen des Schilfwaldes. Nur oben sieht man vielleicht ein wenig die braunen Kolben schwanken. Dann verliert sich auch das in der grünen gestrichelten Tiefe der Halme.

Hinter den glatten Schilfwänden öffnet sich das große blanke Wasser. Auf die hüpfenden Wellen fallen unaufhörlich, millionenfach die blitzenden Silbertropfen einer über diesem Spiegelglanz schmelzenden Sonne.

Weit draußen, der menschlichen Nähe entzogen, streckt sich ein Periskop aus dem Wasser. Es ist der Hals eines Haubentauchers. Im nächsten Augenblick verschwindet er. Man hat Mühe, mit den Augen den Punkt auf der wallenden Wasserfläche festzuhalten, wo der einsame Schwimmer verschwand. Nach langem Warten taucht er eine weite Strecke von der Tauchstelle entfernt wieder auf. Wieder ähnelt der dünne Hals mit dem runden Schauapparat des Kopfes einem Periskop. Während er langsam dem fernen Waldufer zuschwimmt, verliert er sich in der blanken Spiegelung der Fläche.

Hundert dünne schwarze Strichel spritzen aus den Wellen, schießen einen Meter weit, blitzen auf wie Silbernadeln, von einer unsichtbaren Hand übers Wasser hingesät, und fallen wieder ins Wasser ein, über das hundert kleine schwarze Narben hinrieseln. Es war der gemeinsame Luftsprung eines Schwarmes junger Fischbrut. Nun schaukelt die blanke Fläche ein Weilchen leer. Unbelebt, geheimnisvoll einsam, bis wieder ein Flug heranstreichender Enten einfällt und als Trupp schwarzer Punkte weit draußen auf dem verschwenderischen Wasser schwimmt.

Es kostet Überwindung, sich loszureißen von diesem Wasserglanz, über dem uralte Eichen am Ufer die Fächer ihres Gezweiges ausbreiten.

Man wandert weiter. Durch sandiges sommergelbes Land. Plüschgrüne Wiesen, von der schmalen Ader der Schwarzen Elster bewässert, breiten sich aus neben Äckern, auf denen mageres Korn vor graugrünen Baumhintergründen reift. Am flachen Wege, zwischen Kartoffelfeldern und blühendem Buchweizen, bedeckt Getreide mit wedelartig überhängenden Rispen einen lang gegen den Busch gezogenen Acker. Man läßt eine der rauhhaarigen Rispen durch die Hand gleiten und fühlt kleine grießartige Körnchen. Dieses Getreide sah man sonst noch nirgends in Sachsen – sollte es Hirse sein? Ein Junge, der eine Kuh den Feldweg entlang treibt, gibt Bescheid: Ja, es ist Hirse. Und noch mit der Rispe in der Hand blickt man in die Landschaft ringsum, über der nun ein eigentümlich fremdartiger Hauch zu liegen scheint. Zufällig kommt des Weges daher eine Wendin in schwarzer Flügelhaube. Sie schreitet, von der wandelnden Glocke weitbauschiger Röcke umwiegt, mit scheuem Gruß an uns vorüber wie die Gestalt gewordene Eigenart dieser Landschaft, die doch sächsisch und eine Wegstunde weiter preußisch ist. Aber es ist wendisches Gebiet. Zwischen deutsche Dorfnamen sind immer dichter slawische Namen gesät, deren Klang so fremdartig ins Ohr spricht wie: Skaska, Trado, Särchen, Laßke, Hoske, Horka, Holscha, Niesky, Mortke, Lieske, Uhyst. Das klingt fremd wie die Sprache, die in den wendischen Dörfern gesprochen wird.

Diese Namen, beliebig von der Karte aufgegriffen, führen schon über die Kamenzer Landschaft hinaus in Gebiete, in denen die wendischen Siedlungen am dichtesten beisammen liegen und die so wendisch sind wie der Spreewald zwischen Cottbus und Lübbenau, sich von diesem aber durch das katholische Bekenntnis der wendischen Bevölkerung unterscheiden. Der Dresdner Ratsarchivar Dr. Georg H. Müller hat seiner kleinen Schrift über das Sprachgebiet der Wenden zwei Karten beigegeben, auf denen die Verteilung der Wenden über das Spreegebiet, ihre Einsprachigkeit und ihr Bekenntnis zum Katholizismus durch Schraffierungen von verschiedener Richtung und Dichtigkeit dargestellt sind. Alle Strichlagen verdichten sich zu einem fast schwarzen Nest im Dreieck zwischen Kamenz, Wittichenau und Königswartha mit einem Zipfel, der ins Bautzner Gebiet hinüberzieht. Von da aus streicht das wendische Gebiet in breiter Ausdehnung bis nahe an das Lausitzer Gebirge heran. Nordöstlich verliert es sich in den unübersehbaren sandigen Kiefernwäldern um Muskau.

An einem Hochsommertage flogen wir auf Rädern von

Bautzen aus durch diese entlegene Landschaft. Der feine quarzige Sand gradliniger Landstraßen sprühte um die Reifen. Teiche und immer wieder Teiche blitzten am Wege. An Buchweizenfeldern flirrten wir vorüber, die, vom Radsattel aus gesehen, weiß und grün und rotgetupft wie geblümte Mädelkleidergewebe hingebreitet lagen. Hinter Uhyst, am gewundenen Lauf der Spree, bekam die Landschaft ein beinahe russisches Aussehen: Sand, Kiefern, Wacholder, silbergraue, schiefgesunkene Balkenhütten, Strohdächer, Kargheit und Armut. Am Waldrand stand eine schiefe, bauchig zusammengesunkene Holzkirche, Gräber lagen um sie herum. Ohne Zaun, ohne Mauer, dicht neben dem sandigen Waldweg, in dem das Rad nicht mehr griff. Auf den Grabkreuzen stehen wendische Namen: Slabina, Hemmo, Schillack, Kittan, Hollas, Dotschkez, Mickschowa, Mattitza, Mikscho, Pötschki. Die alte Frau, deren graues Haar fast das Stroh des niedrigen Daches ihrer Hütte berührt, antwortet auf unsere Frage nach dem Weg mit einer schnellzüngigen Flut wendisch gesprochener Sätze, um dann mit einigen ratlos beteuernden Gesten zu verstummen: Deutsch versteht und spricht sie nicht. Wir geraten dann auf sandigen Irrwegen tiefer und immer tiefer in die glattstämmigen Kiefernwälder hinein. Ein Schild an einem Baum sagt: Muskau 25 Kilometer. Man weiß, daß Muskau, die Heimat des Weltwanderers Fürst Pückler-Muskau, gemeint ist, aber in dieser fremdartigen Umgebung, in diesen menschenfernen Kiefernwäldern hat man das Gefühl, daß die unwegsamen Sandbahnen geradefort nach Rußland, nach Moskau, führen müssen, so fremd, so russisch wirkt diese Sand-, Kiefern- und Wacholderlandschaft. Stundenlang fuhren wir zwischen den Kiefernstämmen über Nadelboden und knackende Zweige am Rand der Sandwege hin. Endlich wies uns ein Schild zurecht. Über den Wäldern ragten die Schornsteine von Weißwasser. In vielstündiger Fahrt schlugen wir uns nach Hoyerswerda durch, um von da über Schwepnitz nach Königsbrück und in tiefer Nacht nach Dresden zu fahren. Auf dem Freilauf unserer staubigen Räder lag unsichtbar eine große Kreislinie aufgespult, die das ganze Gebiet der hundert Teiche umschloß.

Von wo aus auch immer man in diese Landschaft hineinwandert, immer führen die Straßen von Teich zu Teich. Es sind große Teiche, manchmal von drei, vier, fünf und noch mehr schnurgeraden Dämmen durchzogen, deren Ränder von Gesträuch und alten Bäumen bestanden sind, die sich oben zu hohen Laubhallen, zu grünen Kreuzgängen zusammenschließen. Weit voraus verengt sich die überlaubte Flucht zu einer grünen Röhre, in deren runde Öffnung eine grüne Wiese, ein gelber Rapsacker, ein reifendes Getreidefeld, ein rotes Dach hereinleuchtet.

Rechts und links blickt man auf blanke weite Wasserflächen. Manchmal verschwindet das Wasser hinter Rohrkolben, Schilf und Binsen fast unsichtbar unter der üppig wuchernden Wasserpflanzendecke von Igelkolben und Froschlöffel, Schwertlilien und Pfeilkraut, Froschbiß und Wasserhahnenfuß. Darunter wölkt das versunkene schleimige Grün der Laichkräuter und der Wasserpest, grüne Gewölke, in denen die Gallertschläuche des Froschlaiches hängen. Die feiste Tierwelt von Fisch und Frosch, Wasserschnecke und Schwimmkäfer lebt in der grünlichen Tiefe dieser von der Sonne erwärmten Gewässer, deren sumpfiger Sommergeruch sich mit dem Brotduft reifender Getreidefelder und dem strengen Harzdunst heißer Kiefernwälder zu einer seltsamen Atmosphäre sinnlicher Üppigkeit mischt. Wenn die barfüßigen Jungen in den flachen viereckigen kastenartigen Kähnen durch die grünen Schilfgassen auf die offene Wasserfläche hinausstaken zu den schwimmenden Inseln der fetten gewachsten Wasserrosenblätter und eine Handvoll Wasserrosen mit meterlangen schlüpfrigen, schlangenglatten Stielen herüberbringen, so hält man in der weißen goldgefüllten Schale einer dieser Blumen den ganzen betörend sinnlichen Duft dieser sommerlichen Teichlandschaft in Händen. Und es lockt, tiefer in diese Landschaft einzudringen und einmal die Ferientage in einem der wendischen Dörfer zu verleben, auf deren Strohdächern die Störche die breiten Schwingen entfalten, um mit gestreckten Beinen hinüber zu schweben zu den Teichen und die roten Schnäbel genießerisch in das wimmelnde Leben dieser Gewässer zu versenken.

Abends, wenn der tausendstimmige Chor der Frösche zum leichter gewordenen Himmel schallt, wandert man durch schweigende Wälder und duftende Fluren zurück nach Kamenz. Vor der bunten Himmelshöhe des Abends lehnt die Stadt am Fuße ihrer Hügel. Zwischen Bergen rechts und links wie Tänzer auf schlaffem Seil stehen der Kirchturm und der Campanile des Rathauses vor gelbem Himmelsgeflamm, zwei lichtumflossene Wächter auf der Hügellinie, die das herabwogende Geschiebe des Berglandes staut und unter der die große fremdartige, mit tausend Reizen lockende Alluviallandschaft sich hinbreitet und in ihren hundert Teichen sich selber ruhevoll spiegelt.

Umgebindehaus in Eibau

Drei Wandersonntage und drei grundverschiedene Landschaften. Ein solches Nacheinander der Gegensätze hat seinen besonderen Reiz. Das Wesen einer Landschaft tritt einprägsamer vor die Augen.

Im Sprühregen durch den Schraden. Von Ortrand nach

Elsterwerda. Eine weite Ebene in begrüntem Grau und versilbertem Grün. Samtbraune Wasserläufe, von Grasdämmen gesäumt. Birkenalleen. Sumpfdotterblumen. Kiebitzschreie. Einsame Bäume im Nebel. Flußmöwen über sumpfigen Wiesen. Melancholie ohne Traurigkeit.

Nach der Schradenebene die senkrechte Klüftung der Schrammsteine. Ein sommerschwüler Apriltag. Stundenlang nichts als Nadelwald und Quadergestein. Unersteigliche Felswände, oben ausladend wie der Rumpf eines Ozeandampfers im Dock. Steinstiegen in Schründen aufwärts. Steinerne Nadeln, Stöcke, Tore, Kegel, Klippen, Türme. Gigantenblöcke, waghalsig übereinandergewuchtet. Steinerne Tafelberge, aus Wäldern ragend. Millionen Fichten, in senkrechen Reihen aufsteigend. Ein schwebender Raubvogel darüber. Ein Salongebirge, aus dem jährlich einige abgestürzte Felskletterer weggetragen werden.

Und nun das wogende Lausitzer Land im wechselnden Zwielicht eines herbklaren Maitages. Rundbusige Waldgipfel nah und fern. Breite Wiesentäler zwischen auf- und absteigenden Hügeln. Stundenlange Dörfer an plaudernden Bächen. Weiße Häuser inmitten grüner Wiesen. Bauerngärten mit Buchsbaumrändern und ziegelroten Kaiserkronenlilien. Weiße und taubengraue Wolken am blauen Himmel. Schieferdächer im Schatten. Blühende Kirschbäume im Sonnenlicht. Bleichende Wäsche unter rosenrot blühendem Apfelgezweig. Und ringsum Berge mit grünen Saatflächen, Berge im Fichtenmantel, von pfingstgrünen Birken beflaggt, spitze Berge, runde Berge, Doppelberge, anzusehen wie Zirkuszelte, stahlblaue Berge in der Ferne, glasblaue Berge noch ferner, Glockengeläut und tausend Lerchen in der prickelnden Luft.

Am westlichen Rand dieser blauweißgrünen Wogenlandschaft wölbt sich der Valtenberg. Er ist nur 590 Meter hoch, damit aber höher als seine hundert Nachbarn ringsum. Er erhebt sich am Saume der stundenweit gestreckten dunkelgrünen Fluten des Hohwaldes, die jenseits die Grenze Böhmens bestreichen.

Bequeme Leute fahren mit der Bahn bis Niederneukirch und ersteigen dann in einer guten halben Stunde die 250 Meter, um die der Gipfel das Tal überragt. Wer aber den Reiz dieser Landschaft auskosten will, setzt sich den Valtenberg als letztes Ziel und legt einen genußreichen Anmarsch voraus. Wir zogen von Großharthau aus durch die blühende Maienwelt, deren Bild ich vorhin mit zehn farbigen Tupfen hinmalte.

Und nun nenne ich nur noch die Dörfer: Bühlau, ein Blüten- und Wiesendorf, zum Dableiben verlockend. Über einen Hügelzug und durch einen Bergwald. Stolpen hebt überraschend nahe sein Türmedreizack über grüne Hügel hinaus.

Drebnitz. Im Dorfe aufwärts. Da war eine junge Bauernfrau, eine riesenstarke Lausitzer Saxonia, bei der wir um Milch nachfragten. Sie lachte mit blanken Zähnen und sagte uns kerzengrade in die Augen: »Nu, garne ni«. Aber sie schenkte zwei große Gläser voll frischgemolkene Milch. Der Knecht wusch die holzgelbe Sonntagskutsche auf den Steinfliesen. Über den geharkten Hof schneiten weiße Kirschblütenblätter.

Und wieder über einen Hügelrücken. Wenn man die Höhe erstiegen hat, steht plötzlich der Valtenberg dunkelblaugrün im Sonnenlicht da. Blühende Kirschbäume tragen ihm weiße Fahnen entgegen.

Ottendorf. Eine sechs Kilometer lange, im Tal hingewundene Häuserschlange mit bunten Gliedern, von blühenden Bäumen übersponnen. Als Kopf der Schlange liegt das Städtchen Neustadt in grüne Hügelkissen gebettet. Es blitzt im Licht mit blanken Schieferdachschilden. Der Hohwald flutet dicht heran.

Ottendorf hat eine vielwinklige Kirche auf der Höhe am Dorfrand, umkränzt von alten Linden. Ein Stück dahinter biegt der Weg nach dem Valtenberg ab. Ein alter Mann hält im Holzsägen inne und gibt Bescheid: »Anderthalb Stunden ham Se wohl no' gutt bis zen Valtenberg.« Der Mann steht in einer Atmosphäre von frischem Holzduft. Der Weg führt wieder über Hügelwellen, steigt als breite Schneise im Wald aufwärts. Granitklippen türmen sich übereinandergestürzt unter hohen Fichten. Und dann erreicht man den Gipfel des Valtenberges.

Oben spart man sich das Beste noch auf und rastet erst bei einem Kaffee. Dann besteigt man den Turm.

An der Bobritzsch

Da wogt das blauweißgrüne Land rund um den Gipfel: grüne Täler, weiße Wolken, blauer Himmel, grüne Wälder, weiße Straßen, blaue Wälder, grüne Berge, weiße Dörfer, blaue Berge.

Vom fernen Kamm des Erzgebirges, von den Klippen der Sächsischen Schweiz her, aus den dämmernden Niederungen des Nordens flutet das Gewoge heran. Immer höher in gespannten Bogenlinien kuppeln sich die Berge auf. Aus Wäldern erheben sie sich, aus Tälern steigen sie auf, von Gipfel zu Gipfel schwingen sich wogende Linien, von fliehenden Lichtern übersonnt, von weißen und dunklen Wolken überflogen, von Strahlendiademen im fließenden Zwielicht gekrönt. Ostwärts versammelt sich das wallende Heer der Berge zum blauen Gebirge mit den Kuppen, die man alle kennt, von deren Gipfeln aus man damals den Valtenberg grüßte. Nun grüßt man sie, und jeder Name ist eine Erinnerung an unvergeßliche Ferientage: der rundbusige Tannenberg, der spitze Kleis, die lieblichhohe Lausche, der Hochwald, auf dem wir mildwürzigen Ruster tranken, während das böhmische Bergland sommerlich zu unsern Füßen lag, der Töpfer und ganz fern der steile Jeschken, auf dessen Gipfel uns die Sonne weckte, um uns die Tafelfichte und die Schneekoppe und Rübezahls hoheitsvolles Reich im Rosenlicht des Morgens zu zeigen. Sie alle grüßen im glasblauen Schimmer der Ferne, und wir grüßen sie und unser Dorf am Fuße der Lausche und unsern Ferienwirt und seine stillflinke Frau und die geräumige Gemütlichkeit seiner hölzernen Stube. Hoch über die blaue leuchtende Welt hinweg schwebt ein Luftballon als seidengelber Ball. Wir beneiden die Insassen um diese Fahrt den Fernen zu, die wir nur mit den Augen grüßen können.

Und wir grüßten sie ...

Dann stiegen wir hinab. Das blauweißgrüne Land versank hinter den Wipfeln.

Fichtenwald bedeckt die Hänge des Valtenberges. Glatt und hoch wachsen die Stämme auf. Jeder Stamm ein Mast. Dazwischen entfaltet Buchenlaub seine leuchtendgrünen Fächer.

Unmittelbar am Fuße des Berges liegt die Station. In der sauberen Bahnhofswirtschaft sitzen wir noch eine gute Stunde. Der Kellner bringt Tee in Gläsern auf blitzblankem Nickel und Spiegeleier und knusprige Bratkartoffeln, nach heißer Butter duftend – das sind nach einer siebenstündigen Wanderung nicht die geringsten Freuden. Sie zählen so gut mit wie leuchtende Gipfel und weiße Wolken.

Am Fenster blühen rosarote Azaleen. Draußen, dicht hinter den blitzenden Gleisen, steht der dunkle Bergwald als hohe Wand, vor der maigrüne Birken ein festliches Spalier bilden.

Es ist eine freundliche Stunde. Dann kommt der Zug.

Draußen leuchtet der Glanz des Spätnachmittags. Der Valtenberg grüßt noch einmal als dunkelblaugrüne Kuppe und versinkt hinter den Hügeln. Und wenn wir ihn einmal von ferne wiedersehen werden, soll er gegrüßt sein.

Seiffen-Heidelberg. Dorfstraße im Winter

Schneeverhüllt liegt Sayda auf der Kuppe. Die Gleise der Kleinbahn enden vor einem verschneiten Prellbock, wie vorgetrieben an eine äußerste Grenze, hinter der es nur noch weiße einsame Flächen und weiße Wälder im Flokkenwirbel gibt.

Rieselnde Schleier sinken unaufhörlich auf das Städtchen nieder, bis es ganz verhüllt und in der bleichen Schneedämmerung versunken sein wird. Schattenhafte Menschen huschen hinter den Schleiern dahin, ohne Wissen umsponnen von der lautlos sich vollziehenden Verzauberung einer kleinen erzgebirgischen Stadt, aus deren Schornsteinen dünner durchschneiter Rauch wie entweichender Hauch aufsteigt.

Die stallgelben Schimmel traben mit einander zugewendeten Köpfen vorm Bauernschlitten. Die Schellenbehänge klingeln hüpfend durch die weiße rauhbereifte Landschaft. Der Kutscher sitzt, in seinen Schafpelz eingeduckt, schräg zum Gespann, um das Gesicht dem schneidenden Wind und dem Schneetreiben zu entziehen. Die Flocken stürzen sich wie kalte spitze Mücken in die Augen. Bereifte Wälder ziehen als graugrüner Rauch über einsame Schneeflächen.

Dann fällt die Straße ins geschützte Tal. Die Flocken rieseln still. Wie hinter getupftem Mull liegt Schloß Purschenstein zart gelbgrau und weiß inmitten des winterlichen Parkes. Die Flöha rauscht schwarz zwischen weißen Ufern.

Aus dem Tal steigt die Straße langsam in großen Kurven zum Kamm hinauf. Quer über die Straße, über Eis und verharschten Schnee laufen spitze Schneedünen wie Pfeile, mit denen die weißen Winde die eigne Richtung und Schärfe markieren. Hohe Horizonte schweben hinter Flokkenschleiern.

Über weißen Wällen ragen Schneezäune. Einsam sinkt der graue Himmel hinter den schwarzgefügten Planken nieder.

Auf dem Kamm, siebenhundertvierzig Meter hoch im Reich der weißen Winde, stehen vier kleine beschneite Häuser an der verwehten Straße. Eines davon ist ein Gasthaus. Diese vier Häuschen und vier andere, die sich seitwärts in einer Falte der weißen Hänge verbergen – das ist Heidelbach.

Man sieht nur diese vier. Weißer Wald zieht aus Winternebeln heran. Schneeflächen entschwinden in grauweißer Luft.

Es wirkt wie eine Kühnheit, in dieser winterlichen Einöde zu hausen, wie eine freiwillige stumme Verbannung. Und selber kommt man sich wie verirrt vor, nun der Schlitten vor dieser verwehten Gasthaustür hält und wir ihm steifgefroren entsteigen.

Einige Stunden später schon fühlt man sich gastlich aufgenommen in den Kreis des Familienlebens, in die ländliche Gemeinschaft von Mensch und Tier, die der Gasthof in winterlicher Einsamkeit umhaust. Man spürt die Fäden, die von drinnen nach draußen und von draußen nach drinnen führen, spürt Krieg und Frieden des Lebens auch in dieser Einsiedelei.

Der Mann verbringt Stunde um Stunde im Stall. Die schönste der drei Kühe, eine gelbe Simmentaler, liegt röchelnd im Sterben. Der Wirt hegt und pflegt sie. Nachts steht er auf, um nach ihr zu sehen. Das Messer hat er für alle Fälle bereitliegen. Die Kameraden der Gelben, zwei schwarzweiße Schecken, raufen das raschelnde Heu. Ein dunkelgraues Kalb reckt an jedem, der ihm nahekommt, den Hals wollüstig auf. Es will an der Kehle gekrault sein. Die Gelbe hat den schönen Kopf mit den weißen Löckchen zwischen den Hörner ergeben ins Stroh gewühlt. Die weißen Wimpern senken sich über die Augen. Wie ein sterbender Mensch, geduldig und wehrlos, liegt das Tier da. Dumm und schuldlos scharren und picken die Hühner neben dem Kopf der Kuh im Dung.

Drei Tage später hängt die Gelbe geschlachtet am Scheunenbalken. Ihr Blut rinnt rauchend hinaus in den weißen Schnee. Die abgehackten Vorderfüße lehnen wie ein Stiefelpaar an der Holzwand. In der Gaststube schreibt der Tierarzt bei einem Schnaps den Befund nieder. Der Wirt sitzt in der Küche, die Ellbogen auf die Knie gestützt, die Hände ineinandergelegt. Es sind Hände, denen eine Mühe soeben abgenommen worden ist, Mühe, die vergeblich war.

Zwei Katzen sind da. Weiße Katzen mit schwarzer, gelber und grauer Zeichnung. Die kleine hat ein unschuldig liebes Gesicht – so stellen sich vielleicht die Katzen ihre Engel vor.

Lore, die Schäferhündin, geht erwartungsvoll umher und schaut mit großen feuchten Augen jeden an. Am Tag unserer Abreise warf sie kleine schwarze Hündchen. Blind und winselnd drängten sie sich an die Mutter.

Gäste kommen und gehen. Schneeschuhläufer, Fuhrleute, der Landbriefträger. Die Wirtin ist da und dort, sitzt bei uns, lacht, erzählt Geschichten, hätschelt die Katzen, klagt um die Kuh, schmückt den Weihnachtsbaum, und wenn wir uns auf unsre schneenassen Schuhe besinnen, hat sie die Trittchen längst auf den Ofen gestellt.

Draußen raucht der Schneesturm. Die weiße Landstraße saust, in fliegenden Schneestaub aufgelöst, hinter den kleinen Fenstern vorüber. Es gibt keine festen Formen mehr, alles ist weißer zischender Schneerauch, aus dem sich ein kalter unbestimmter Himmel erhebt. Kahle Geäste schwanken in weißen Wolken, die gespensterhaft durch die Dämmerung und dann durch die schwarze Nacht fliegen.

Um Tür und Zaun wächst aus dem Zischen die Schneewehe mannshoch.

Der Grog dampft in dicken Gläsern. Sein heißer Hauch mischt sich mit dem Weihnachtsduft des Stollens. Hilde, die kleine Wirtstochter, bringt den Räuchermann auf den Tisch, zündet ein rotes Räucherkerzchen an und setzt es dem rot berockten Türken mit Turban und gelben Husarenschnüren in den hohlen Bauch. Nun pafft er mit unsren Pfeifen um die Wette. Dann, damit der Türke nicht verbrenne, setzt das Mädel das Räucherkerzchen auf einen Bieruntersetzer aus Steingut. Und wir alle sehen zu, wie es verglimmt und leise zu feiner weißer Asche zerfällt.

»Der Mensch liebt die Gesellschaft, und sollte es auch nur die von einem brennenden Rauchkerzchen sein.« Georg Christoph Lichtenberg schrieb das.

Würziger Duft steigt mit den feinen Rauchfäden auf. Es riecht katholisch nach Weihrauch. Eine Erinnerung an die Messe im Dom zu Passau taucht auf.

Passau, der Inn, die Donau – das war im Juni …

Draußen, in schneebleicher Nacht, fegt der Schneesturm über das weiße Erzgebirge.

Dann kommen blanke Tage. Ein blauer Himmel, leicht und durchsichtig ins Unendliche erhoben, strahlt über der weißen Landschaft, deren windgerillte Flächen wie Seide glänzen. Die Straße steigt nun über mannshohe Schneeberge auf und ab, so hoch hat der Sturm die Wehen gebaut. Die Fichten stehen daunig beschneit und bereift mit weißen Fittichen. Schneebelaubte Buchenwälder jenseits des Tales liegen im Goldglanz der Sonne. Sie schimmern wie hohe ferne Länder, wie aufsteigende Inseln über weißen Fichtenwäldern.

Die kahlen Ebereschen an der Straße hat der Rauhreif verwandelt. Als weiße, unaussprechlich zarte Stickerei breiten sich die feinen Gezweige vor dem fernen Blau des Himmels aus. Weiß, mit zartknorpeligen Verästelungen und gerundeten Spitzen verkreuzen sich Äste und Zweige wie die ineinander gewirrten Geweihe weißer Rentierherden einer Eisprinzessin. In einem weißumflorten Bäumchen vorm Haus sitzen vier aufgeplusterte Zeisige, vier gelbe, in der Sonne leuchtende Früchte.

Über weiße Hänge und Ebenen weithin verstreut, in weißen Tälern lang aufgereiht liegen die Dörfer: Heidelbach und Einsiedel, Heidelberg und Oberseiffenbach, Seiffen und, nach langer Wanderung über windgeglättete Höhen, das böhmische Katharinaberg wie ein aufgestelltes Spielzeug auf steilem Hügel, mit einem kleinen Marktplatz, in dessen Mitte ein Heiliger seinen besternten Goldreif über einer Schneekappe trägt.

In den Gaststuben Böhmisch-Einsiedels sitzen an den Feiertagen fröhlich gedrängt die Seiffener Spielzeugschnitzer und Handelsleute mit ihren Frauen. Sie trinken das schaumflockige böhmische Bier, essen heiße Extrawurst mit Kren und zahlen mit rosa und blaugefärbten Kronenscheinen. Das böhmische Schankmädel packt uns leckere Fleischwurst zum Mitnehmen in die Weihnachtsnummer des Brüxer Tageblattes ein. Bei seinem Wurstpaket sitzt man noch lange, trinkt helles Bier und hört um sich die anheimelnde Mundart der Erzgebirgler. Es ist an keinem Tisch mehr Platz, aber über die Köpfe hinweg werden von Hand zu Hand Stühle gereicht und die neuen Ankömmlinge werden am Tisch auch noch untergebracht: »Mir rükken e' Finkel zamm.« E' Finkel – das heißt: ein Fünkchen, ein wenig.

Und manch einer trägt am Abend einen ganz kleinen Spitz zollfrei über die Grenze.

Am Heiligabend gingen wir hinunter ins Tal nach Seiffen.

Die kleinen Häusel am Hang stehen weich und flach im Schnee. Man glaubt, man kann sie am Schornstein anfassen und woanders hin in das wattige Weiß stellen. Manchmal wächst eine einzelne Fichte hoch über das weiße Dach hinaus. Immer wieder erinnern die Häusel an das Spielzeug, das in diesen Dörfern gedreht und geschnitzt, geleimt und bemalt wird. Ein Reh, ein spitzes grünes Bäumchen, ein weißes Häusel aus den Händen eines Seiffener Spielzeugschnitzers – in drei solchen bunten Sächelchen ist der herbe Reiz der erzgebirgischen Landschaft geheimnisvoll eingefangen, ist Landschaft, Mensch und Werk, die Schlichtheit aller drei zu einer einfachen Einheit verbunden.

Winterlandschaft

Vor mir steht eine kleine Gruppe winziger Figuren, die alle zusammen in einer Streichholzschachtel Platz haben. Drei grüngekräuselte Bäumchen, ein Hirt im blauen Kittel und eine weiße Kuh mit himmelblauen Flecken und gelben Hörnern – es ist eine wahre Vergißmeinnicht-Kuh. Sie erinnert mich an die Weihnachtsdörfer im Schnee, an die saubere Armut der Stuben, in denen das bunte Spielzeug entsteht, an liebenswerte Menschen, die den Kindern näher sind, als sie selber wissen.

In der Werkstatt eines Seiffener Spielzeugmachers stehen ernsthafte Maschinen. Kreissägen, Hobelmaschinen, Bandsägen, Drehbänke. Ein elektrischer Motor treibt sie. An diesen Maschinen entstehen jahraus, jahrein, Tag für Tag winzige Quirle, Rührlöffel, Fleischklopfer, Nudelhölzer, Schneidebretter, Wiegemesser für die Puppenküchen kleiner Mädchen. Manche dieser Liliputgeräte sind nicht länger als ein Streichholz. Aber alle sind so sauber gearbeitet wie ihre »erwachsenen« Vorbilder. Man ist versucht, sich die Taschen mit diesen kleinen Dingen vollzustopfen, so verführerisch sind sie in der sauberen Glätte des weißen Holzes. Und wie der Schnitzer das kleine Zeug in die genarbten Finger nahm und wie es ihn selber freute, mir die zierlichen Dinge zu zeigen, fragte ich mich wieder mit einem Bejahen schon in der Frage, ob nicht die Menschen, die den winzigen Spielkram für zerstörerische Kinderhände mit so viel ernsthafter und herzlicher Hingabe erfinden und anfertigen, ob nicht in diesen Menschen ganz innen ein Kindersinn arglos wachgeblieben sein muß, unzerstörbar für den groben Zugriff des Lebens.

Ein Figurenschnitzer, den wir besuchten, war noch dabei, seine Weihnachtskrippe aufzubauen. Unter seinen Händen entstand aus Moos und Baumrinde die palästinische Landschaft mit dem Stall zu Bethlehem. Aus dem Moos wuchsen schon Palmen auf schlanken Kokosfaserstämmen. Der Schnitzer breitete vor uns die Figuren der Geburt im Stall, der Darstellung im Tempel, der Flucht nach Ägypten und des bethlehemitischen Kindermordes aus. Er hat sie alle selbst geschnitzt und jede Figur ist ein kleines künstlerisches Werk: Maria an der Krippe und Maria auf dem Esel, Herodes in der Pracht eines Kartenkönigs, römische Landsknechte in phantastischer Rüstung. Joseph mit der Zimmermannsaxt und der grünen Schürze eines erzgebirgischen Dorfstellmachers, Hirten mit ihren Schafen und die Weisen aus dem Morgenlande, angetan mit aller Pracht, die ein armer erzgebirgischer Schnitzer erträumen kann.

Eine junge Frau in unsrer Wintergesellschaft streute lachend einige leichte Frivolitäten über die frommen Figuren. Aber an dem alten Schnitzer mit den Kinderaugen perlte das ab wie Wassertropfen an weißem Gefieder. Und die junge Frau wollte im Ernst gar nicht spotten. Sie nahm die winzige Krippe mit dem rührenden Strohbett in die Hand und strich darüber hingebeugt mit einem Finger dem geschnitzten Jesuskindlein liebkosend über das erbsengroße nackte Bäuchlein. Und der alte schimmelhaarige Schnitzer, an dessen blauer Schürze gekräuselte Schnitzspäne hingen, und die junge Frau mit dem Kindlein zwischen den Fingern sahen jetzt beinahe selber aus wie Joseph und Maria.

Mittlerweile ist der Abend auf das weiße Dorf gesunken. Wir gehen über knirschenden Schnee im gelben Fensterschein der kleinen Häuser. Die Glocken rufen zur Christmette.

Das weiße Schneezelt des Daches der kleinen Kirche am

Talhang ist in der blauweißen Dämmerung verschwunden. Um den unsichtbar gewordenen Turm über den weißen Dächern schwebt im Dämmerschein ein holder weihnachtlicher Zauber. Ein Kranz gelbschimmernder Laternen ist angezündet worden, und eine einzelne Laterne hängt darüber in der Laube des Turms wie ein friedlichwarmer Stern.

Um ein verschneites Haus im Schneelicht kommt leise schaukelnd eine bunte Laterne, eine zweite, eine dritte, eine vierte, fünfte, sechste – ein ganzes wallendes wandelndes Beet leuchtender Blumen schwebt langsam über den Schnee auf uns zu. Laternen, in deren dunkle Gehäuse Bilder eingeschnitten und mit durchscheinendem Buntpapier hinterlegt sind. Grüne Tannen, rote springende Hirsche, erzgebirgische Häusel im Schnee, Hirten unterm Stern, Maria an der Krippe, Schäfchen in grünen Ranken und Glocken über weißen Hütten. Durch das Papier schimmern die Kerzen im Innern der Laternen. Die Bilder glühen sanft wie die bunten Fenster erleuchteter Kirchen in der Nacht. Sie ziehen an uns vorüber, und unter den Laternen gehen Schüler der Spielwarenschule mit angeleuchteten Gesichtern. Sie ziehen den Berg zur Kirche hinauf und wir mit ihnen.

Die kleine Kirche ist gedrängt voll. Viele Kinder sind da. Jedes Kind hat ein brennendes Licht mit einem flüssigen Tropfen vor sich auf das Brett geklebt, auf dem sonst die Gesangbücher liegen. Wenn man vor den Bänken steht, sieht man die brennenden Kerzen nicht, man sieht nur die Kindergesichter im Licht, und nur in den Augen spiegeln sich die Flammen als blanke Fünkchen.

Glitzernde Glasleuchter brennen, und um den Altar strahlen grüne Weihnachtsbäume. Die Schüler mit ihren Laternen gruppieren sich dort. Manche sind auf die Emporen gestiegen. Überall glühen die Laternenbilder wie bunte Fensterchen.

Die Orgel füllt das kleine runde Schiff mit feierlichem Brausen. Die Gemeinde singt. Es ist ein Reis entsprungen aus einer Wurzel zart ...

Die angeleuchteten Kindergesichter füllen das Schiff und die Emporen wie eine zarte Wolke. Sie sehen wie singende schwebende sixtinische Engelsköpfe aus, und manch eine helle Mädelhaarschleife wird zum leichten Flügelpaar. Der Atem der Singenden geht über die vielen Lichter hin, die Flammen wehen und neigen sich dem Altar zu wie leuchtende Blumen einer himmlischen Wiese. Aus dem Leuchten schwebt das Lied über die dunklen Wogen der Orgel hin: Das Blümlein, das ich meine, das duftet uns so süß, mit seinem hellen Scheine vertreibt's die Finsternis ...

Das Dorf liegt still und weiß zu Füßen der singenden Kirche. Die beschneiten Dächer verschwinden im Schneelicht der sternenklaren Nacht. Man sieht nur die schwarzen Schindelgiebel mit den eingeschnittenen gelben Fenstern wie Zelte im Schnee stehen. Darüber schwebt der Laternenkranz der unsichtbaren Kirche wie ein magisches Zeichen des Friedens in der blauen Nacht. In mancher der Stuben hinter weißen Rollvorhängen duften um diese Stunde die neun Gerichte, das bedeutungsvolle »Neunerlei« des Heiligen Abends, Hagebuttensuppe, Kartoffelsalat, Würstchen mit Sauerkraut, Gänsebraten, Apfelmus und andere Gerichte in überlieferter Folge in Töpfen und Pfannen, die das ganze Jahr über nicht einmal so reich beschickt in den Ofen geschoben werden wie zu Weihnachten. Das winterliche Fest ist die hohe Zeit dieser Dörfer, in denen der Weihnachtsmann der Kinder seine rastlos arbeitenden und nur zu Weihnachten einmal tagelang ruhenden Werkstätten hat.

Das Dorf liegt hinter uns. Wir stapfen durch tiefen Schnee aufwärts. Von der Höhe kommt uns ein Schlitten entgegen. Von weitem sieht man nur ein wandelndes Licht. Dann, als der Schlitten nahe ist, wächst das Pferd schattenhaft und groß vor der Laterne auf. Unter den Hufen stiebt der beleuchtete Schnee wie ein gelber wallender Teppich.

Knirschend und klingend zieht der Schlitten im Schritt an uns vorüber. Aus Ferne und Dunkel weht noch ein Weilchen das gedämpfte Klingeln der Schellen über die weichen Betten des nächtlichen Schnees, klingt noch einmal wie ein Klang der silbernen Sterne und verstummt.

Das Tal unter uns schwebt in weißem Scheine. Wald zieht wie blasser Wolkenrauch drüben hoch. Jenseits schimmern die verstreuten Lichter von Oberseiffenbach, flimmernde gelbe Sternchen im Schnee unter den funkelnden Silbersternen der kalten klaren Winternacht.

Eine alleinstehende Hütte schiebt sich vor uns hinter einer Schneewehe auf. Das verschneite Dach liegt wie eine weiche Decke über dem schwarzen Giebel. Eine hohe kahle Lärche steht am verschneiten Zaun. Das feine Gezweig ist wie nur geträumt an den nachtblauen Himmel gezeichnet. Genau über dem Dach, tief am sonst sternelosen Horizont, leuchtet der Abendstern, in der klaren Luft unwahrscheinlich vergrößert und mit kristallischen Strahlen blitzend.

Aus den kleinen Fenstern fällt gelber Schein in den Schnee. Er zeichnet den Schatten des Zaunes auf das weiße Feld. In der Stube, von großen Schatten umhangen, sitzen Menschen um den Tisch. Der Kopf des Mannes verdeckt die Lampe. Man sieht nicht, daß die Menschen miteinander sprechen. Sie sitzen auch nicht beim Mahle. Schweigend umgeben sie das Leuchtende in ihrer Mitte, das ihre Gesichter hell macht und das Haar um den Kopf des Mannes in einen Schein verwandelt – unwillkürlich sieht man nach dem blitzenden Abendstern, der wie ein strengerer Stern von Bethlehem über dem weißen Dache steht.

Und dann umgibt uns die blanke schweigende Nacht. Die weißen Flächen steigen im Ungewissen in den Himmel. Die Zwinge des Stocks knirscht im Schnee. Es klingt wie das leise erstickte Klagen eines irrenden Vogels in der raumlosen Nacht.

Vor uns steht weiß und geheimnisvoll verhangen der Wald, hinter dem das gelbe Fenster des Gasthofes den Zuschlupf in die Wärme eines knisternden Herdfeuers verspricht.

Klein und still und froh unter den hohen Wundern der weißen Weihe-Nacht, von der Kälte umsungen, stapfen wir darauf zu.

Bergwiesen im Juni

Blick vom Helleberg auf Bad Gottleuba

Aus den Tälern, aus Rosendüften, aus sommerlichem Wasserglanz des Stromes steigt der Juni in die leichtere Luft dieser Bergwiesen.

Sie liegen an den Hängen und auf den Höhen des östlichen Erzgebirges. Die Winde wehen hier oben weniger herb als über den Wäldern und Hochmooren des erzgebirgischen Westens. Die Nähe des Elbtales mildert das Klima. In gehobener Freudigkeit blühen die Wiesen. Hier liegt Floras Schutzgebiet, ein Paradies sommerlicher Blumen.

Ortschaften bleiben ihm fern. Gottleuba und schon böhmische Dörfer in den Tälern, Oelsen auf der Höhe. Noch ein wenig steigen die Wege. Dann breiten die blühenden kurzrasigen Wiesen sich aus, über die hinaus der Sattelberg nur noch als Hügel sich aufkippt.

In diesem Bereich freier, selbst im Hochsommer noch frisch streifender Winde liegen die Flurstücke, die der Heimatschutz erworben oder gepachtet hat und die er als floristische Schutzgebiete hegt. Er hegt sie, indem er sie gedei-

Bauerngarten Heller

hen und die Natur ungehindert ihren Gesetzen folgen läßt. Flinte und Axt, Sichel und Pflug hält er ihnen fern, wo er Besitzer ist; und während auf benachbarten Wiesen die Sense klingt und Blumen mit erschrockenem Schwung in die gemähten Schwaden fallen, vergehen auf diesen Matten die Blumen in erfüllendem Verblühen, in der Reife zu Frucht und Samen.

Die Gebiete liegen versteckt, dem Zulauf entzogen.

Ein Gehölz, in einigen Minuten umschritten, eingefügt in genutzten Besitz, fast tropisch üppig in seiner Fülle von Busch und Strauch und Schlinggewächs, ist schützendes und geschütztes Asyl für andernorts längst vertriebene und selten gewordene Pflanzen. Die Feuerlilie hebt ihre roten Fackeln aus verstricktem Gebüsch. Die Türkenbundlilie stellt blühende Schellenbäume in den lockeren Schatten des Waldsaums, wo Salomonssiegel und quirlblättrige Weißwurz zarte Blütengeläute unter lockerem Geblätter aufhängen und die Einbeere ihre bescheidene Blüte im vierblättrigen Blattstern trägt. Die nickenden Blumen des

Türkenbundes, trübrosa, purpurnbräunlich gefleckt, vereinen Turban – »Türkenbund«! – und Krone zu einem Gebilde, dem die Volksphantasie vergangener Zeiten zauberhafte Kräfte zutraute; gegen Krankheit und Hexerei schützte die Blüte ebenso sicher wie die Zwiebel, in deren goldgelbem Saft die Alchimisten das Mittel suchten, unedle Metalle in Gold zu verwandeln.

In Gemeinschaft mit Türkenbund und gelbem Fingerhut blüht das violette Silberblatt, die Mondviole, deren Duft so lyrisch ist wie dieser Name.

Ein Eckchen dieses Blumenwinkels heißt »das Jägerfleckel«. Ein gutsherrschaftlicher Jäger ertappte eines Tages einen Wilderer beim Ausweiden seiner Beute. Der Wilderer verfiel dem volkstümlichen Urteil, dem Jäger von seinem Besitz ein Stück abzutreten; der Jäger bekam ein Eckchen dieses Busches, ein Fleckchen – das Jägerfleckel. Jäger und Wilderer sind längst, längst tot, die Anekdote ist schon fast Sage, die Buschecke ging von Hand zu Hand – der Name blieb.

Vor dem Walde liegt saftig in die Sonne hingebreitet eine Wiese. Aus den Gräsern leuchtet es blau in schwellenden Beständen: Iris sibirica. Schmal wie Floretts strecken sich die Blätter aus sumpfigem Grund, biegsame Degen, die nie die grobe Sense trifft; der Bauer, dem die Wiese gehört, schont als Freund des Heimatschutzes diese Schwertlilienbestände, die Jahr um Jahr reicher blühen; jede Blüte ein porzellanblauer violettgeäderter Pavillon, auf glattem Stengel hold über Blätter und Gräser erhoben. Das ist so leicht, so graziös, daß neben dieser Iris die Schwertlilie der Gärten mit ihren breiten Blattbajonetten steif und ungeschickt erscheint.

Vom Hammergut Bienhof, wo der Heimatschutz ein Erholungsheim für seine Helfer und einen Stützpunkt für seine Bestrebungen erworben hat, zieht sich längs einem Bachlauf ein schmales Wiesental aufwärts. Auch da betritt der Wandrer geschütztes Gebiet. Einsam schmiegt sich das Tälchen zwischen dunkle Waldhänge. Und auf einmal wird es zum Garten. Aus Gras und Blumen erheben sich gewölbte Sträucher gleich blühenden Hügeln, verschwenderisch überschüttet mit karminroten Rosen. Es ist die sehr seltene Rosa alpina, die stachelarme Alpenrose, deren süßer Muskatduft sich mit der Frische der Wiesen und dem harzigen Atem der Wälder mischt. Der Anblick ist so wundervoll, daß man sich nur fragt, wie es denkbar wäre, diese Pracht ungeschützt sinnloser Plünderung zu überlassen. Aber es bedarf keines Wachpostens. Nur eine kleine Tafel sagt dem Wanderer, daß er Naturschutzgebiet beschreitet, und jedem Naturfreund müssen diese blühenden Hecken in ihrer Schönheit von selbst unantastbar sein.

Das größte vom Heimatschutz erworbene Gebiet in diesem Bereich umfaßt 26 Scheffel; das ist ein Gelände etwa sechsmal so groß wie der Dresdner Altmarkt; ein schmaler Streifen auf dem Meßtischblatt, gerade groß genug für ein Dörfchen. Aber was alles wächst und blüht darauf! Alle Formationen des östlichen Erzgebirges mit der ihnen eigentümlichen Flora sind in diesen engen Grenzen vereint.

Geschlossener Fichtenwald begrenzt es, Birken- und Espengebüsch wechselt mit lockerem Mengwald, in dem alle Laubholzarten des Gebirges vertreten sind und an dessen Rändern Kreuzblume und Wachtelweizen, Schattenblume und Bergplatterbse in bunten Säumen blühen.

Steinrücken, im Laufe der Zeiten aus weggeräumten Gneistrümmern entstanden, bilden die für das östliche Erzgebirge so kennzeichnenden Grenzwälle zwischen den Flurstreifen. Die Pflanzenwelt des noch ungerodeten Geländes hat sich auf diesen Steinrücken vollständig erhalten. Streifenfarn bettet seine graugrünen bärtigen Polster ins lose Gestein. Natterkopf und Ginster, Ehrenpreis und Stiefmütterchen, Labkraut und Erdrauch, gelber Hornklee, flauschiger Wundklee und die rosaweißen Dolden der Kronwicke überziehen das graue Gestein mit blühendem Schmuck.

Im kleinen Tälchen rinnt der sprungbreite Bachlauf unter der üppigen Decke der Sträucher und Stauden. Aus den hohen Blätterschichten der Spiräen entfalten sich die federzarten Trugdolden der akeleiblättrigen Wiesenraute. Sumpfblutauge, Fieberklee, Baldrian und Trollblume blühen im nassen Wiesengras.

Ursprung des Baches ist die sumpfige Quellflur, charak-

Kleine Waldbrücke bei Drehfeld

terisiert durch die weißen Fähnchen des Wollgrases, dem sich Läusekraut, Bachbunge und das polsterdichte kleinblütige Quellkraut gesellen. Am Rande stellt das Fettkraut seine verräterischen Blätterfallen auf; es ist neben dem Sonnentau die andere unserer beiden fleischfressenden Pflanzen. Es fängt seine Beute unter den eingerollten Rändern der fettig-klebrigen, mit Fang- und Verdauungsdrüsen besetzten Blätter, in deren Schleimüberzug das Opfer, Ameise oder Mücke, erstickt, um ausgesogen und verzehrt zu werden.

Im östlichen Erzgebirge sind zwei Formationen selten: Moor- und Bergheide. Die Quellflur bildet immerhin den Abklang oder den Beginn eines Moores und viele der im eigentlichen Moor heimischen Pflanzen sind vertreten, vor allem das Torfmoos, die federnde Sphagnetumdecke, auf die der Fuß tritt wie auf feuchten Schwamm. Aber auch die Bergheide ist in diesem kleinen botanischen Garten vertreten: eine kurzrasige, wie geschoren aussehende Borstgrasmatte mit den charakteristischen Pflanzen der Bergheide: Heidelbeere, Heidekraut, Arnika, duftende Bärwurz, im Erzgebirge Köppernickel genannt, Hasenbrot, Katzenpfötchen, einköpfiger Löwenzahn und Fingerkraut.

Über die trockenen Hänge gebreitet liegt die sich selbst entwässernde Hangwiese, die eigentliche Bergwiese, zu der sich allmählich auch die sich selbst überlassene Brache zurückverwandelt. Sie ist das eigentliche Fundgebiet des Botanikers, der Standort vieler Seltenheiten, die zum Teil nur noch im östlichen Erzgebirge vorkommen. In die Gräser webt der würzige Köppernickel das Schleierwerk seiner feingefiederten Blätter, über die er später die zarten weißen Schirmdolden erheben wird. In dieser kurzrasigen Matte blühen hochstenglig, farbenfreudig Blumen, Blumen, Blumen. Auf einer Elbwiese blühen etwa dreißig Arten, auf einer Bergwiese des östlichen Erzgebirges fast achtzig Arten Blumen und Gräser, darunter die nur im östlichen Erzgebirge vorkommende blaue Teufelskralle neben ihrer häufigeren Schwester, der weißen Teufelskralle, denen beiden man nicht so leicht die Verwandtschaft mit der Glockenblume ansieht. Über das leuchtende Gelb des Sonnenröschens hebt das Ferkelkraut seine zitronengelben Korbblüten auf hohem Stengel über die Rosette braungefleckter Blätter. Zwischen Glockenblume, Klappertopf und Pechnelke, Margeriten und Kuckuckslichtnelken strahlen hundertfach die großen Goldsterne der Arnika. Auf straffem Stengel trägt die Brückenflockenblume ihre aufgeblühten kakteenartig übersponnenen Köpfe, die »Teufelsköppe« des Erzgebirglers. Die violetten Blüten der hochschäftigen Alantdistel leuchten über grünen silberweiß gefütterten Blättern.

Der besondere Schmuck dieser Bergwiesen aber sind die in acht Arten vorkommenden Orchideen: drei Arten Knabenkräuter, das ganz exotisch aussehende grünblütige Zweiblatt, die süßduftende Platanthera, die purpurne Händelwurz mit den handförmigen Wurzelknollen, die Sumpfwurz mit grünlichen braungefleckten Blüten und die schöne, nur dem östlichen Erzgebirge eigene Kugelorchis.

Und das alles wächst und blüht auf engbegrenztem Gebiet beieinander wie in einem botanischen Garten, so daß der Stadtmensch, der nur die viel ärmere Talwiese kennt, immer wieder erstaunt fragt, ob das alles wirklich »von selbst« hier blühe und nicht erst angesiedelt worden sei. Nein, alle diese Blumen sind hier heimisch – botanische

Fachleute sind noch damit beschäftigt, alle auf diesem Schutzgebiet vorkommenden Pflanzenarten zu zählen. Etwa dreihundert Arten wachsen und blühen hier auf Hangwiese und Bergheide, am Steinrücken und im Mengwald, auf Quellflur und am Bachlauf; das ist der vierte Teil der sächsischen Flora überhaupt – auf 26 Scheffeln. Man begreift, daß die Botaniker dieses kleine Stück Land in ihr Herz geschlossen haben, daß es sie erregt zu hören, daß vermutlich da und da eine noch nicht gefundene sehr seltene Orchis blüht.

Wir saßen am grasigen Rand, reifende Erdbeeren zu unseren Füßen, und hörten die Erläuterungen der botanischen Fachleute. Und während sich das mit einem Blick überschaubare Gebiet vor unseren Augen als ein Paradies der Blumen auftat, während sinnvolle dichterisch-volkstümliche und klingende wissenschaftliche Namen zu engverbundenen Pflanzengesellschaften sich zusammenfanden und Erdgeschichte in Pflanzenschicksalen offenbar ward, stieg drüben ein Baumpieper vom Fichtenwipfel steil in die Höhe und fiel gleitend mit zwitscherndem Lied in den Wipfel zurück, immer von neuem aufschießend wie ein geflügelter Bolzen, immer von neuem sinkend und singend: eine einfache innige Dankesmelodie für die Schutzherren, die in Floras Garten auch den Vögeln eine friedsame Stätte geschenkt haben.

Leisnig

Leisnig

»Es wird geschrieben, daß unsere Stadt Leisnig schon längst vor unsers Heylandes Geburth, ein besonderer Ort soll gewesen seyn, und nach einer gänzlichen Zerstörung 500 Jahre wüste gelegen habe.«

Das steht in der Leisnigker Chronica oder Beschreibung der sehr alten Stadt Leisnigk von Johann Kamprad, einem Schmöker von 1753, dick wie eine Bibel, mit braunem, mürbe gewordenem Lederrücken und breiten, gelb-, rot- und blaugewölkten Deckeln.

Diesen Chronisten übertrumpfte noch ein Leisniger Bürger, der, als wir am Markt vor einem Lädchen standen und Ansichtskarten betrachteten, verschmitzt auf eine Karte deutete, auf der das Denkmal des Leisniger Kantors und Liederkomponisten Ferdinand Adam abgebildet war, und sagte: »Leisnig ist die urälteste Stadt der Erde: in Leisnig liegt Adam begraben.« Mein Freund tippte ihm auf den Rockknopf und erwiderte: »Noch älter soll die Stadt sein, in der Adam geboren wurde.«

Der Leisniger suchte Haltung an seiner troddelgeschmückten Pfeife. Und eben zog über den hellen Markt ein Turnerfestzug mit Trommeln und Pfeifen. Das Echo sprang von Wand zu Wand und der ganze Markt lärmte vergnügt.

Wahrhaftig aber ist Leisnig eine sehr alte Siedlung, die schon bestand, als Heinrich der Vogler die Sorben im daleminzischen Gau bedrängte. Damals war Leisnig ein Fischerdorf an der Mulde. Als aber später ein wendischer Häuptling auf der Brüstung des Muldenberges einen wehrhaften Sitz anlegte, zogen es die Siedler vor, sich unter seinem Schutz anzubauen. Wahrscheinlich befestigte dann Heinrich der Finkler, nachdem er die wendischen Stämme unterjocht hatte, Leisnig von neuem, weshalb er als der eigentliche Gründer der Stadt gilt. Leisnig entwickelte sich kräftig und galt noch im 14. Jahrhundert nächst Meißen als bedeutendste Stadt der Markgrafschaft.

Aller Vermutung nach kletterte also die Stadt von den Ufern der Mulde hinauf auf den steilen Berg, von dem aus sie heute die Muldenaue auf und ab weit überblickt. Und diesen Werdegang schreitet der Besucher noch heute ab: Unten, im Tal, in dem die Eisenbahn die Freiberger Mulde begleitet, kommt er an, und allmählich erst ersteigt er auf schmalen Gassen, durch schräghängende Obstgärten die Stadt. Im Frühling mag das Bild herrlich sein: dann steht die kraftvolle Silhouette von Burg und Stadt über breit zu Tale schäumenden Kaskaden weißer Blüten.

Oben liegt eine richtige Bergstadt – überraschend in diesem Landstrich, in den bei klarem Wetter schon Leipzig hereingrüßt. Alle Gassen klettern, steigen, fallen. Manchmal glaubt man in Annaberg, in Eibenstock, in Johanngeorgenstadt zu sein.

Selbst der Markt, groß und licht, liegt schräg geneigt. Es ist ein üblicher sächsischer Kleinstadtmarkt. Freundliche, helle, bescheidene Häuser bilden vier geschlossene Wände. Das Rathaus, mit einem gemütlichen Turm, steht in der Reihe. Gelblich geputzte Wände, weißgestrichene Fenster mit roten Porphyrgewänden, eine grüne Tür und grüne Luken am Turm, darüber ein dunkles Schieferdach. Daneben steht der Goldene Stern: ganz hell weißgrau gestrichen, mit brennend roten Geranien vor den Fenstern – das ergibt eine lachende, sonntägliche Farbigkeit.

Über der Tür eines altersgrauen Gasthauses funkelt ein goldener Löwe im Relief. Er blickt freundlich wie ein gutgelaunter Pudel und betrachtet, biegsam wie ein heraldischer Delphin, seinen Schweif. Und unten, über der Tür der Apotheke mit der gelblichen Wand, dem schwarzen Dach und den verblaßt grünen Fensterläden, lächelt auch ein goldener Löwe in kornblumenblauem Feld – wenn man die steile Gasse heraufsteigt, scheint das goldene Tier in einer blauen Hütte gerade auf dem Pflaster zu liegen.

Es ist schade und dem auf mancherlei Art verdienten Hofrat Mirus nicht zu danken, daß auf seine Kosten der alten Matthäikirche dieser spitze Turm in dünner Reißbrettgotik angebaut wurde. Der frühere Turm, den man noch auf alten Bildern sehen kann, paßte viel besser in das Bild. Und blickt man von oben her über den Markt hinweg, so verlangt man geradezu nach der kräftigen Gestalt des alten Turms.

Nach drei Seiten klettern die vom Markt abzweigenden Gassen steil bergab. Man kommt da in ganz liebenswürdige Winkel und Biegungen, man gerät in malerische Holpergassen, hat bald Gärten und Dächer unter sich, bald Häuser, burgartig am Absturz horstend, über sich. Manchmal denkt man: Bautzen, manchmal: Schneeberg. Mancher Winkel scheint gar aus einem tirolischen Bergstädtchen hierher gebaut worden zu sein. Und dabei ist das alles licht und schlicht und vom Zufall gefügt.

Tief unten, eingeklemmt zwischen Häusern, die wie treuherzige Ziegen am steilen Hang herumzuklettern scheinen, leuchten rote, weiße und tiefviolette Astern und strahlende Sonnenrosen in einem Winkelgärtchen, nicht viel größer als ein Tischtuch.

Und dann wieder landet man – fast im Gleitflug auf benagelten Wanderstiefeln über glatte Kopfsteine – auf einem Marktplatz im Tal. Ein weißes Haus schmückt sich mit spinatgrünen Fensterläden und einer schwarzrotgelben Flagge. Und hoch über diesem Haus mit seinen Gartenbäumen steigen Stadt und Burg gebirgig auf.

Man klettert wieder hinauf durch die schmale, Peine ge-

An der Mulde

nannte Gasse, in der vor Zeiten Räuber die Reisenden »beraubt und gepeinigt« haben – mitten in der Stadt – und steht vor alten gotischen Giebeln mit Blendarkaden, steigt um die Matthäikirche herum in andere Winkel, kommt zum Burglehn und streift in Hofrats Mirus Garten auf verschlungenen Wegen unter Bäumen, an denen schon der Herbst geschüttelt hat, am steilen Hange herum, den der Efeu über und über mit immergrünen Decken und Kissen und Polstern überzieht. Von versteckten Altanen guckt man hinab ins Tal, auf das dunkle Wasser der Mulde, auf sanfte Auen, auf weichgewölbte Uferberge, die sich wie Kulissen hintereinanderschieben und manchmal mit plötzlichem Steilfall ihr grünes, lockeres Laubkleid in die Mulde tauchen.

Dann steht man vor der Mildenburg. Ein Brunnen, ein Born mit straffem Quecksilberstrahl, trommelt sonor am Burggraben, aus dem das Vorderschloß mit schweren Mauern und hohem Dach aufsteigt.

Durch ein kühles Tor betritt man den Burghof und beschaut sich dies und das. Das malerische Seigerhaus hinter dem Baumschleier. Das alte Portal der Kapelle aus dem 11. Jahrhundert, merkwürdig und schön mit der schachbrettartigen Musterung der Gewändeprofile und dem scheckigen Nebeneinander von Sandstein und Porphyr. Gotische Wimperge, die wie Keramik aus rotem, gebranntem Ton aussehen und aus Porphyr sind.

Man besteigt den klobigen Turm mit seinen vier Meter starken Mauern – oben in seinem neueren, spitzzulaufenden Aufbau glaubt man im Gehäuse einer steinernen Windmühle zu stehen. Bis in die Spitze kann man klettern. Einige Tauben entziehen sich mit pfeifendem, klatschendem Flügelschlag durch die Luken, die vier köstliche Bilder einrahmen – wie die eine einen Blick auf die dunkelglatte Mulde, umschwungen von Uferlinien und Laubhängen, umrahmt, daß ist zum Nachzeichnen schön. Durch eine andere guckt man hinüber auf die abwärts kletternde Stadt. Lange, schmale, tiefeingeschnittene Gassenzüge gleiten wie Bäche, wie Gletscher zu Tale, und die Häuser mit der steilen, vielfach gebrochenen Kammlinie der Dachfirste schichten sich übereinander, wie beiseite gedrängte, hoch aufgeschobene Schollen. Andere Häuser brechen unten quergestellt den Gletscher ab, sie scheinen ihn zu stauen, abzulenken – er schiebt sich im Winkel weiter, läßt Raum für Gärtchen, für kleine Plätze und kommt im Tal ruhig zum Stehen. Und die kleinen Häuser gucken mit vielen Fenstern treuherzig herauf. Bunte Wäsche hängt dazwischen. Blauer Rauch gaukelt um braune Dächer und kecke Giebel. Sonnenblumen leuchten dazwischen.

Im alten Gasthaus läßt man sich sein Schnitzel schmekken, seit vier Uhr morgens ist man dieser Stadt zuliebe auf den Beinen. Es gibt Kartoffeln dazu, die wie weiße Rosen aufgebrochen sind. Sie wachsen auf den Feldern über der Mulde, in diesem Strich, den Melanchthon des Meißnischen Landes Schmalzgrube nannte.

Der junge Kellner, feierlich schwarz angetan, wittert den Großstädter – das heißt hier immer: den Leipziger – und ist eifrig zu zeigen, daß man sich auch in Leisnig auf Gästebewirtung versteht. Draußen ziehen schon wieder Turner mit knallenden Trommeln und quiekenden Pfeifen über den Markt.

Dann steigt man durch den Gassengletscher, in dessen Spalt man vorhin von der Burg herab hineinguckte, zu Tale.

Da liegt an der Mulde dicht bei der Unterstadt die Kirche von Tragnitz. Früher war auch sie innen und außen noch hübscher – Gurlitt nannte ihre innere Ausstattung die malerischste in Sachsen. Die Holzdecke des Schiffes und der Altarchor sind noch so erhalten geblieben. Decke, Altar, Kanzel, Emporen, Gestühl, Schülerchor, Betlauben aus geschnitztem und bemaltem Holz fügen sich zu einer ergreifenden und doch heiteren Schönheit zusammen, die ein kräftiger, gotischer Spitzbogen aus rötlichem Porphyr wundervoll umrahmt. Alles ist in bäuerlicher Gotik bemalt. Graue, mattblaue, weiße, schwarze, holzbraune und rostgelbe Farben und mattes Gold klingen zu einer sanften, reizvollen Buntheit zusammen. Von der Empore aus gesehen wirkt das bemalte Holzwerk wie leicht beschneit – es herrscht Weihnachtsstimmung in diesem köstlichen Raum. Und wenn man ein Weilchen hinter dem zierlichen Gitter einer der Betlauben gesessen hat, glaubt man, daß das alte Holzwerk wie brauner, weißbezuckerter Pfefferkuchen duftet.

Ein ganz niedriges Mäuerchen schließt den Friedhof ab. Draußen aber ist das Mäuerchen eine Mauer. Ein grasbesäumter Fußweg führt dran hin. Daneben, mit ganz flachem Ufer, fließt die Mulde. Gebüsch spiegelt sich in der Flut, die der leise Zug dem Wehre zu spannt. Die alte Brücke schwingt sich mit fünf schönen Bogen von Ufer zu Ufer. Und oben, auf bewaldetem Berg, steht die Burg, fest, mit steilen Mauern und erfahrenen Fenstern, die seit fünfhundert Jahren ins Land blicken.

Wir ließen die Stadt und grüßten sie noch einmal und zogen an der Mulde aufwärts auf Straßen dahin, die porphyrrot unter gilbenden Bäumen lagen.

Zweimannshohes Schilf ließ seine feinen Federwedel im sachten Winde wehen. Durch die tausend Halme blinkte bald silbern, bald blau, bald braungrün die Mulde. In sanften Kurven zieht sie durch das breite Tal. Berge, gewölbt in den weichen Linien des Flusses, in dem sie sich spiegeln, säumen die Aue. Manchmal fallen sie kahl und steil ab, von den Meißeln der Steinbrecher angenagt. Dann leuchtet das weiche Rot des Porphyrs aus dem Grün. In der Ferne, die den Wald duftblau verschleiert, schimmern diese Porphyrhänge violett, als überzöge der Hauch blühender Erika den Berg.

Vor uns lag Klosterbuch, von zwei Seiten von der Mulde umflossen. Über ein Wehr glitt das Wasser wie blaues Glas, von silbernen Lichtern überblitzt. Dahinter lag die Mulde glatt und dunkel mit dem Spiegelbild des Bergwaldes. Tiefes, sattes Schwarzbraun und leuchtendes Grün mit ganz weich verwischten Rändern im Wasser, wie Farbenschmelz unter Glas, der azurblaue Sturz des Wehres, braune Dächer, die Ruinen des Klosters hinter fruchtschweren Apfelbäumen, darüber ein perlmuttfarbener Abendhimmel.

Und noch einmal fern und zart gegen den gelben Westhimmel gehaucht, grüßt Schloß Mildenstein über die aufblitzenden Windungen der Mulde zurück.

Der Zug rollt in den Abend, in die Nacht, am dunkelströmenden Flusse entlang. Draußen riefen die Stationen: Döbeln, Roßwein, Nossen, Meißen – »überall, auf allen Stationen, ruft der Mensch den Namen der Station, überall, wo Bahnbeamte wohnen … Nur die Dörfer seitwärts liegen stille – doch getrost, auch dies ist Gottes Wille.«

Lommatzsch

Lommatzsch

Unterhalb Meißen liegt Zehren an der Elbe. In die Granitithänge der Uferlandschaft schneidet der Ketzerbach eine Kerbe ein, in der das Dorf gleichsam als Verknotung von Bach, Strom und Straße liegt.

Im Bachtal aufwärts zeigen die Wegweiser nach Lommatzsch. Anfangs bleibt die Straße in der sanften Talmulde zwischen mäßig hohen Hügelzügen, auf deren granitischen Schotterhängen um Schieritz und Piskowitz eine an Seltenheiten reiche Felstrift- und Steppenflora erhalten blieb. Dann verläßt die Straße das Bachtal. Zwischen den Goldfluten ernteschwerer Weizenfelder zieht sie aufwärts. In den Zweigen der Pflaumenbäume, an denen sich die unreifen Früchte achatrot färben, hängt da und dort ein gelber Halm, vom heimschwankenden Erntewagen abgestreift – erstes kündendes Zeichen des Herbstes, der in der Frühe nach kühlen Nächten schon manchmal über fernen Baumkuppeln ins Land blickt. Das Korn ist gehauen. Über die Hügel unterm Himmel ziehen die Kornpuppen in Reihen wie kriegerische Helmraupen. Der Hafer steht goldgelb, reif, mit wispernden Rispen, die sich morgen schon über dem blanken Schnitt der Sensen neigen werden. Der Weizen flutet dunkelgolden bis unter die Pflaumenzweige. Eine Weizenart trägt braune Ähren, die wie geröstet aussehen. Neben den malachitgrünen Flächen der Kartoffelfelder liegen diese Fluren wie gebogene kupferne Schilde. Es gibt keine Ebene. Jedes Feld wölbt sich hügelig der Sonne entgegen – es ist, als hätte inbrünstiger Drang zur Reife die Felder gewölbt und die Ackerlandschaft hundertfältig trächtig gemacht: Leib an Leib rundet sich unterm Himmel, der blau, tief und nahe in die Ähren taucht.

In allmählicher Steigung erreicht die Straße einen höchsten Punkt. Unverhofft liegt Lommatzsch vor Augen. Ein Rudel Häuser, hinter Obstbäumen halb versteckt, um die dreispitzige Kirche eng versammelt. So sieht man die Stadt mit einem flüchtigen Blick. Sie erlischt fast im Goldglanz der Landschaft, die jetzt mit einem Male weit geöffnet um uns kreist. Das ganze Hügelland der Lommatzscher Pflege liegt da, umzogen von hohen Horizonten, an denen ferne Wahrzeichen wie Grenzmarken stehen: die Kirchturmpyramide von Riesa über dem hingebreiteten Schatten der Stadt; die blaue Kuppe des Oschatzer Collmberges; die hohen Säume, hinter denen Mulde, Triebisch und Elbe ihre Täler ziehen, mit dem dünnen Luftstrich des Wantewitzer Kirchturms im fernsten Osten. Diese Punkte stecken ungefähr die Grenzen ab. Zwischen dem Syenitmassiv von Meißen, dem Flußschotter um Riesa, dem Zechstein bei Mügeln und den cambrischen Talfalten der Triebisch und Mulde liegt die schwere hügelige Lößdecke der Lommatzscher Pflege, das fruchtbare Land der reichen »Samtbauern«.

Auch in diesem großen Bild gibt es keine Ebene. Bis an den Horizont wogen die Hügel. Es ist ein reizvolles Spiel gewölbter, sich überschneidender Linien und Flächen, eine unendliche Mannigfaltigkeit sommerlicher Farben. Neben das stramme Grün der Kartoffelfelder und Rübenäcker legen sich die rotdurchwirkten Kleeteppiche, die bleichen

Strohmatten der Roggenstoppeln, deren Drillmaschinenweberei das Unkraut mit grünen Streifen durchzogen hat. Braune, schon wieder gepflügte Äcker mit dem muscheligen Bruch der Schollen grenzen an goldblonde Haferfelder, von denen sich das dunkle Gold, das flirrende Kupfer des Weizens weich, aber bestimmt abhebt. Am geneigten Rand prangt ein Feld mit violettem Rotkohl. Zwischen gelber Gerste und bläulichgrünem Kraut glänzen die blanken durchsonnten Blätterbüschel roter Rüben wie hingeschüttete rote Glasscherben.

So liegen die Farben nebeneinander, von der unermüdlichen Arbeit der Pflüger sauber begrenzt, von den Konturen der Hügel, den Wölbungen und Überschneidungen des Geländes zu vielgestaltigen Flächen und Faltungen gebrochen. Beherrschend bleibt das Goldgelb der Getreidefelder. Es wallt über Hügel, steigt hinter grüngedeckten Kuppen wieder an und leuchtet noch als lichte goldschimmernde Seide aus weitester Ferne, in der alle anderen Farben in blauem Duft zergehen.

Es gibt fast gar keine Wälder in dieser Landschaft. Kleine Gehölze, die Laubmassen dörflicher Obstgärten füllen manchmal cin sanftes verborgenes Tal, schweben an fernen Hängen als blaugrüne, blaue Wölkchen. Obstbäume tragen die grünen Wipfel eine Straße im Tal entlang, die selber nicht sichtbar ist. Oder sie ziehen in stiller Prozession mit blauen Laubfahnen über einen Hügel, hinter dem sie mit einem Winken eines letzten Wipfels über gelbem Glanz verschwinden.

Sitzt man lange auf geneigtem Acker auf der roten Deichsel eines Getreidemähers, der die gezähnten Holzflügel wie eine gestrandete Flugmaschine zwischen den Kornpuppen spreizt, so glaubt man körperlich etwas von der auf- und abschwingenden Bewegung zu spüren, die die Bewegung dieser Landschaft ist. Und in diesem Schwingen und fernen Verschweben werden nach einer Weile die bunten Farben ganz still. Rein und stark, wie zur Erde gebreitete Sonne, leuchten die Goldfluren. Selbst an verhangenen Tagen, an denen keine Sonne am Himmel strahlt, leuchtet Sonne von diesen Fluren wieder, Sonnenschein, der sich in reifendes Brot verwandelte.

Lindenallee in Niederreinsberg

Alljährlich zieht über die gewölbten Fluren der gleiche Wechsel, und immer sind starke reine Farben groß und weit über die Hügel gebreitet. Zu geschwellten weißen Kissen bauscht der Winterschnee die Hügel auf, und die starke braune Erde schläft darunter. Die entlaubten Obstwäldchen schweben blaugrau und leicht im Weiß wie die Atemwölkchen der schlafenden Äcker. Dann bricht die braune Scholle auf, gesättigt mit den Wässern des Frühlings. Tausend Pflüger gehen auf und ab, tausend nickende Gespanne tauchen auf und verschwinden hinter den gewölbten Fluren, über denen der schwere Duft frisch umbrochener Erde schwebt. Aus der gelockerten Krume sproßt der zarte Flaum der junge Saat. In satten Frühsommernächten, wenn der Regen in die Obstbäume und in die wachsenden Saaten schüttet, liegt die Erde still und schluckt mit tausend und aber tausend kleinen runden Mäulern, die der Regen öffnet, schluckt und schluckt mit der sanften langen Gier eines dürstenden Tieres. In grünen saftstrotzenden Schwaden wächst die Frucht. Und dann kommt wieder die Reife, das goldene Fluten, der frische kräftige, die Lungen hebende Brotduft über Erntefeldern, das weiche Rauschen der Sensen im Sonnenlicht.

Alljährlich wandert über diese gewölbte Erde der Wechsel reiner starker Farben zwischen hohen Horizonten: Winterschnee, Ackerbraun, Saatengrün, Erntegold. Jahr um Jahr kreist um die kleine Stadt mit dem slawischen Namen Lommatzsch, in dem das daleminzische Glomazi fortklingt, der immerwährende Wechsel von Ruhe, Saat und Ernte, Ruhe, Saat und Ernte.

Mittelpunkt dieser goldenen Landschaft, wenn auch nicht in ihrer Mitte liegend, ist das Städtchen. Und Wahrzeichen der Lommatzscher Pflege sind die drei schieferblauen Spitzhelme der von Peter Ubrich von Pirna erbauten spätgotischen Kirche.

Auf seinem Hügel ruht das Städtchen in beschaulicher Stille. Immer sah ich es so. Etwas von dem gesättigten vegetabilen Dasein der Landschaft ist auf das Städtchen übergegangen. Tritt man in eine der kleinen Kaffeestuben neben dem reinlich duftenden Laden einer Bäckerei, so legt die Bäckersfrau erst ruhig, mit einem Blick auf die sonnigschläfrige Straße draußen, die Häkelei auf das Fensterbrett, ehe sie sich erhebt. Darin liegt für den ortsfremden Besucher das Leben dieser Stadt zusammengefaßt: alles ruhig nacheinander.

Um den kleinen Marktplatz leuchtet der üppige Blumenschmuck der Fenster: brennende Geranien, weiße und violette Petunien, bunte Blumenwolken in grünen Kästen. Auch das Rathaus hat einen leuchtenden Blumenbausch an der hellen gegiebelten Front stecken. Ein Wettbewerb des Blühens durchleuchtet die Stadt, ein Widerschein der Farbenpracht in den Bauerngärten der Dörfer ringsum, in denen ganze duftende Büsche von weißem und rosenrotem Phlox, apfelsinenfarbene Ringelblumen, brennende Tigerlilien und die hohen, unsagbar blauen Blütenschäfte des Rittersporns wie farbige Flammen unter Obstzweigen lodern.

Durch die schmale fallende Gasse schwankt ein Erntewagen. Seine hohe rauschende Fracht streift die schwarzrotgoldenen Fahnen, hinter deren breiten Bahnen die hellen Häuser noch kleiner erscheinen. Der Wagen schwankt zum Schützenhaus hinunter, von dem eine Stunde später das dumpfe Bum-bum-bum-bum-bum der Pauke eines Turnerfestzuges heraufschallt.

Im späten Glanz des Abends wandern wir vom Städtchen fort, dem letzten Zug voraus, der uns auf einer kleinen Station einholen wird.

Die Sonne geht rot hinter schwebenden Hügeln unter, deren Umrisse sich in violetten Tinten auflösen. Das Grün der Felder wird dunkel und schwer. Nur die gelben Getreidefluren leuchten immer wärmer. Brotduft weht aus den Kornpuppen. Vom Dorf her schaukelt dünn, gleichsam durchsichtig, das Abendläuten. In das Schwingen des einen hellen, ein wenig klagenden Tones klingt, von der Ferne gedämpft, das Meckern einer jungen Ziege.

Auf der Straße unter uns, hinterm Gitter der Obstbäume, fährt wieder ein hochbeladener Erntewagen. Man meint, das Rauschen der Garben in den Zweigen zu hören, in denen nun einige entrissene Halme mehr um reifende Pflaumen geschlungen sein werden. Ein kühler Hauch steht vom Acker auf – da unten fährt schwankend und rauschend der Sommer heim.

Muldenfahrt

Rochlitz aus der Luft

Der Hahn, das Schwein und die Ziege gingen auf die Reise. Unterwegs fragte der Hahn: »Wo gihn wir eigentlich hiiiiiin?« Das Schwein grunzte: »Nach Rrrrrochlitz, nach Rrrrrochlitz.« Da meckerte die Ziege: »'s is' ni' me-e-e-e-e-glich!«

In diesem Kinderscherz aus frühester Jugend führte das Städtchen Rochlitz nur eine legendäre Existenz wie etwa auch Lindenau, wo nach dem damals gesungenen Lied der Himmel blau sein und der Ziegenbock mit seiner Frau tanzen sollte.

Später, als ich schon längst gelernt hatte, daß Rochlitz als wirklich vorhandenes Städtchen an der Zwickauer Mulde liegt, sah ich ein Bild von Eugen Bracht: eine großgefügte Burg mit zwei viereckigen spitzbehelmten Türmen, vom Abendrot feierlich angestrahlt, dicht am Wasser vor abendgrünen Waldbergen. Es war Rochlitz. Nun endlich, nachdem diese Wanderung immer von einem Jahr zum andern verschoben werden mußte, war ich selber dort.

Von Dresden aus kann man Rochlitz über Riesa – Wurzen, Döbeln – Waldheim, Döbeln – Großbothen, Chemnitz – Narsdorf, Chemnitz – Wechselburg oder Chemnitz – Cossen – Lunzenau erreichen. Der Leipziger fährt über Wurzen oder Großbothen oder Narsdorf nach Rochlitz. Es ist beinahe ein Rekord an Verbindungen. Aber keine ist für den Dresdner recht brauchbar. Entweder sind die Anschlüsse schlecht oder es gibt keine Rückverbindung, und noch im besten Falle bleiben zwischen der neunstündigen Hin- und Rückfahrt nur knappe acht Stunden für das Dortsein. So erklärt es sich, daß der Dresdner das laubgrüne Muldenland kaum kennt.

Von Nossen aus begleitet die Freiberger Mulde die Fahrt. Nossen, Roßwein, Döbeln, Leisnig, kleine saubere Städte, grüne weichgewölbte Berge spiegeln sich im Fluß. Die Zschopau, das leichtfüßige Kind aus dem Gebirge, mündet zwischen Döbeln und Klosterbuch fast unbemerkt. Nur ein Vorwerk liegt da. Vor Großbothen kreuzt die Bahn schon die vereinigte Mulde, an der man dann aufwärts fährt. Bei Großsermuth fließen die beiden Mulden zusammen, die Milda occidentalis und die Milda orientalis der alten Urkunden, zwei blaue Arme, die das ganze Erzgebirge zwischen dem böhmischen Moldau im Osten und dem vogtländischen Schöneck im Westen fest umschlungen halten.

Und nun fährt der Zug dem Lauf der Zwickauer Mulde entgegen. Colditz mit dem alten hohen Schloß grüßt und lockt. Und dann endet die fast fünfstündige Fahrt in Rochlitz – der Zug dampft weiter, immer an der Zwickauer Mulde aufwärts nach Glauchau.

Überrascht betritt man den Rochlitzer Markt. Er ist groß wie ein weiter heller Saal. Einfache zweistöckige Häuser rahmen ihn ein. Das Rathaus, die Kunigundenkirche und eine langestreckte Häusergruppe zwischen beiden bilden eine von Markt und Straßen umflossene Insel, auf der es wieder kleine Plätze mit Bäumen gibt.

In die saubere Helligkeit des Städtchens fällt ein Schimmer wie mildverklärendes Abendleuchten mitten am Tage – man weiß zunächst nicht, woher. Dann entdeckt man die Ursache: Fenstergewände, Türumrahmungen,

Torpfeiler, Hausstufen, Gartensäulen, der Steinboden in alten Hausfluren – alles ist aus rotem Porphyr, jenem bildsamen Porphyrtuff, der den Rochlitzer Berg berühmt gemacht hat. Die Kunigundenkirche leuchtet ganz und gar in diesem sanftglühenden Rot; nur der Turm ist geputzt. Und dieser rote Stein gibt dem Gesicht der Stadt jenen Schimmer, der wie ein freudiges Erröten überall leuchtet.

Wessen gedenkt man in dieser lichten Muldenstadt?

An der Kunigundenkirche steht auf rotem Porphyrsockel die mächtige grünpatinierte Büste des Lutherbiographen und Liederdichters Mathesius, der ein Kind dieser Stadt war.

Die Dichterin Luise Brachmann kam hier zur Welt. Sie war mit Novalis befreundet, und Schiller nahm Gedichte des damals dreizehnjährigen Mädchens in die Horen und den Musenalmanach auf. Im Schatten dieser Namen lebt das Andenken der Unglücklichen fort. Als Fünfundvierzigjährige trieb sie ein dunkler Zwang in den Tod. Sie ging in die Saale. Vier Bände »Erlesene Dichtungen«, die kein Mensch mehr liest, blieben von ihr zurück.

Und noch ein Dichter kam in Rochlitz zur Welt, lebte, predigte und starb in dieser Stadt: der Diakonus Hallbauer. Er ist der Dichter des Liedes »Gott sei mit dir, mein Sachsenland« – man hört bei Nennung dieses Liedes helle Kinderstimmen aus offenen Schulfenstern im Vorübergehen: Glück auf, Glück auf – mein Sa-achse-enland!

Mit den freundlichsten Wünschen für das lichte Städtchen wendet man sich der Burg zu.

Sie liegt über der Mulde, in der sie sich spiegelt. Nur ein heller Pfad läuft zwischen dem Ufer und dem grasigen Anstieg hin, über dem steil die Mauern stehen. Obstbäume überlauben den Pfad. In der Blütezeit mögen sie einer weißen Spitzenrüsche gleichen, einem weißen Gewand, das um die nacktsteinerne Schönheit zu Boden glitt. Es ist eine starke schlichte Bauernschönheit, derb, breithüftig und braun. Zwei vierkantige spitzbehelmte Türme stehen nebeneinander über breiten Mauern – es wirkt fast domartig. Früher waren sie als Gefängnisse gefürchtet, und jener Mathesius sagt von ihnen: »Diese Thürme sind unsern Meißnischen Junkern auch wohl bekannt. Man nennt sie die Rochlitzer Jupen. Wer sie an hat, der erfreuret nicht, so fressen ihn auch die Wölfe nicht.«

In die Jupen sollte man den Ingenieur sperren, der über die weich geschwungene Mulde und dicht vor diese Burg die gräßlich steife, sperrige Eisenbrücke baute!

Im Burghof wachsen Linden und Akazien vor den hohen rauh gewordenen Wänden. Steile Schieferdächer lehnen gegen den Himmel. Ein Brunnen plätschert im Schatten. Wilder Wein hängt um rote Porphyrbögen. Hinter gotischen Porphyrtoren leuchtet sonniges Grün wie Glasfenster. Porphyr rahmt Fenster und Türen ein, Porphyr kantet die Türme ab. Zwischen den Kopfsteinen des Burghofes breitet der Wegerich seine Blattrosetten aus, jene Pflanze, die in rätselhafter Treue die Nähe menschlicher Wohnstätten liebt, die dem Europäer nach Nordamerika folgte und darum von den Indianern die Fußspur des Weißen genannt wird.

Hinter der Burg führt ein Weg durch den Wald auf den Rochlitzer Berg, der für die Einheimischen einfach »der Berg« ist. Anfangs blitzt durch den fallenden Vorhang der Buchen und Rüstern die Mulde herauf. Dann windet sich der Weg langsam aufwärts, durch Laubwald, durch Fichtenhallen, zwischen lichten Lärchengassen hin und wieder durch Laubwald. Einmal trennt er ein Wäldchen von ernsten Lebensbäumen, das an dieser laubgrünen Bergschulter als ein recht fremdartiger Schmuck überrascht.

Oben glühen die steilen Wände der Steinbrüche im Sonnenlicht. Es sind die Vorratskammern, aus denen die Steinmetzen seit Jahrhunderten den roten Porphyr holen, den man in allen Städten des Muldenlandes als Baustein antrifft. Überall leuchtet er in der Landschaft. Aus grünen Waldhängen tritt er als roter Felsen hervor. In der blauen Ferne schimmert er violett, als überziehe blühende Heide den Berg. Landstraßen und Feldwege winden sich, vom Porphyr gefärbt, als rote Bänder durch grüne Flächen. Porphyr ist Baustein und Baugrund dieser Landschaft, die um den Rochlitzer Berg rot und grün, saftig und fruchtbar, in sanfte Täler und weichgeformte Hügel gefaltet ausgebreitet liegt und über der bei klarem Wetter der blaue Kamm des Erzgebirges aufsteigt.

Um den Berg zieht die Mulde ihren glatten Bogen. Bunte Wiesen blühn um Hang, Juniwiesen, Ende Mai schon ausgebreitet in der Pracht ihrer Blumenstickerei, von Haselnuß und Eiche gesäumt, von abfallenden Bergwäldern eingefriedet. Die bunte Flora des Spätfrühlings blüht zwischen tausend Gräsern: Margeriten und Hahnenfuß, Ehrenpreis und Pechnelken, Hornkraut und Kuckucksnelken und Glockenblumen. Manchmal liegt eine Wiesenfläche rostrot am Wasser: da blüht der Ampfer. Manchmal erscheint eine Wiese gegen das einfallende Licht schwarz getupft: da blüht auf hohen Stengeln die schwarzviolette Teufelskralle. Goldgelber Ginster flammt an den Hängen. In der Mulde spiegeln sich ansteigende Laubwälder, weiße Wolken und blauer Himmel. Der Fluß zieht glatt wie ein Spiegel aus schwarzem poliertem Glas, an dessen grünem Rahmen rote Lichtnelkensträuße stecken. Und überall, auf Wiesenpfaden im Tal und auf geschlungenen Wegen am Waldhang leuchten helle Sommerkleider wie aus einem Lied Scheffels: Wallfahrer ziehen durch das Land mit wehenden Standarten …

In einer glatten Bucht zwischen steilem Laubwald drüben und Eichen, Lärchen, Gras und mannshoch loderndem Ginster hüben setzt uns ein beinahe viereckiger Kahn über den tiefziehenden Fluß. Drüben steigt der Weg durch Wald aufwärts nach Wechselburg.

Das Reisehandbuch nennt zwei Gasthöfe. Aber der eine ist schon überfüllt und in den andern ist eine Strumpffabrik eingezogen. So stehen wir drei obdachlos auf der Straße. Man schickt uns in ein Materialwarengeschäft. Die Klingel plärrt und plärrt gleich darauf wieder: die Frau hat Pfingstbesuch. Sie schickt uns zur Hebamme. Ich komme mit zwei Frauen an. Die Hebamme lacht und weiß keinen Rat. Das eine Zimmer ist vermietet. Auch in Wechselburg ist Wohnungsnot. Wir begucken uns die kleinen Häuser – keines sieht danach aus, als ob da Platz für unverhoffte Gäste wäre. Da spricht uns die Frau an, die vorhin bei der Besitzerin des Lädchens stand. Ein Zimmer könnte sie schließlich freimachen. Aber sie zögert noch zwischen Bereitschaft und Vorsicht. Da erfährt sie, daß wir aus Dresden kommen – und sie stammt auch aus Dresden und seit drei Jahren wohnt sie in diesem handtellergroßen Städtchen, wo

Herbstwald an der Mulde

einer vom andern weiß, was er im Beutel und mittags im Topf hat – ach, Dresden! Sie möchte wieder dahin. Und sie nimmt uns mit. Wir bekommen zu dritt ein Zimmer, aus dem man in den grünen Obstgarten guckt. Der Mann ist verreist und die freundliche Frau hat mit einem Male Pfingstbesuch in ihrer Einsamkeit. Sie läuft zum Fleischer, kocht, brät, lacht und freut sich, und nach einer halben Stunde fühlen wir uns wie alte Bekannte dieser hilfsbereiten Frau – gelobt sei ihr Name!

Im sinkenden Abend führt sie uns durch flüsternden, duftenden Wald nach dem Burgstall, einem verlassenen tempelartigen Lusthaus auf der Waldhöhe. Tief unten blinkt die Mulde und der Rochlitzer Berg steht blau und dann schwarzgrün unterm bedeckten Nachthimmel vor gelbem Schein. Im Wald schwebt ein Summen, als würde eine tiefe Cellosaite immer von neuem leise angeschlagen, ehe sie ausklang: tausend Maikäfer fliegen um die Laubkronen. Unsere Wirtin spricht von der Heilkraft dieser reinen würzigen Luft, der sie die Kräftigung nach schwerer Krankheit verdankt. Reif und froh und vom Erinnern an die Heimat belebt, schreitet die Frau neben uns her auf schmalem Steig durch den summenden Nachtwald. Biegsames Gezweig streift uns. Ein wahrer Gesundbrunnen sei es, hier zu leben – wenn nur das Städtchen nicht so winzig klein wäre – einer kennt den andern, einer weiß vom andern, was er tut und denkt. Es ist zu eng.

Vor uns schimmern die Fenster der kleinen Häuser. Das Dunkel rückt sie noch dichter zusammen. Vor manchen Haustüren stehen Leute. Nach rechts und links grüßt die Frau. Die Leute sehen uns nach, um zu ergründen, was für Besuch die Frau bekommen habe – man fühlt die Augen durchs Dunkel im Rücken. Aus den Tälern steigt der atmende Nachtwald zum hochgewölbten Himmel.

Und als wir am nächsten Morgen Abschied nehmen und die pfingsthelle Straße hinabschreiten, steht die Frau in der Tür, sieht uns nach und winkt.

Das Wechselburger Schloß birgt ein Kleinod: die Kapelle. Sie gilt als das schönste romanische Bauwerk Sachsens. Wir besuchten sie gegen Abend. Violettgraue Dämmerung erfüllte den Raum mit seltsam weihevoller Stimmung. Friedegebende umschattete Ruhe lag über allem. Man fühltc eine schmerzstillende Sanftheit, die im gläubigen Herzen träufeln mag. Das ewige Lämpchen blinkte wie ein roter schwebender Stern. Im Schatten ruhen verschollene Steinbilder. Dedo von Wettin und seine Gemahlin Mechthildis schlafen, zwei Menschen aus Stein, nebeneinander auf hoher Tumba. Ein gemeißeltes Band verbindet sie hochzeitlich. Die Hand streift kühle Steingewänder im Dunkel. Zauberhafte Verglasungen leuchten. Licht dringt kaum herein, nur glasgewordene Farben sind in den Rahmen gefügt: violett, grün, rot und gelb. Dahinter weht grünes Gartenlaub.

Der grauhaarige Küster, ein Wiener von Haus und fast so alt und zeitfern wie die Steinbilder, deutet auf einen steinernen Petrus und fragt mild einen Jungen, der mit seinem Vater da ist: »Wie heißt der gute Mann, der, was die Leit' in den Himmel läßt?« »Petrus«, flüstert der Junge mit scheuem Blick auf den Alten, dessen graues Haar im Zwielicht schimmert. Die Zeit steht still. Man denkt: in hundert Jahren wird der graue Alte noch immer da herumgehen und voller Güte barhäuptige Besucher vor dem Altar im Dämmerlicht fragen: »Könnens unsern Heiland alle sehn?«

Am Morgen wanderten wir nach Lunzenau, dem blanken Städtchen an der Mulde, der Heimat von Sabinchen Opitz, dem »Prinz Lieschen« aus dem Scherzo von Augustusburg. Über Lunzenau führt der Weg flußaufwärts nach der Rochsburg, in der die Muldenfahrt für diesmal zu Ende ging.

Eine Stunde lang streift man durch das alte Gemäuer – die Zeit ist zu kurz für die schöne Burg, die am besten erhaltene in Sachsen. Wehrgänge, Türme, Torbogen, Brunnen, Holzdecken, alte Bilder, Sonnenschein auf wankenden Saaldielen, Burghöfe mit grasbewachsenem Steinpflaster, Erker, steile Dächer, Altäre, kühle Treppen, Kapellenwinkel, uraltes Porzellan, wunderliche Möbel – das alles fügt sich zu Winkeln und Gelassen zusammen, in denen man verweilen möchte. Über allem liegt auch hier wieder der rötliche Schein des Porphyrs, der Türen und Fenster umrahmt und Mauern abkantet und als Stufen rot vor kühldunklen Toren leuchtet.

Und noch von ferne, wenn die Burg auf grünem Laubwaldberg über dem runden Schwung des Muldentales noch einmal grüßt, liegt der rote Schein über ihren Mauern, Giebeln und Türmen. Und in der Erinnerung weht es wie grüne und rote Flaggen über der Landschaft an der Mulde: das sonnenerfüllte Grün der Laubwaldhänge und das leuchtende Rot des heimischen Steins, den die Menschen seit Jahrhunderten ihren Städten und Burgen und Kirchen und Brücken einfügten und aus dem sie die Steinbilder und Grabsteine derer meißelten, die in diesen Burgen und Städten vor uns wandelten.

Wurzen

Das Schloß in Wurzen

Als die Sonne am gelbroten, grau umrauchten Horizont aufging, um gleich wieder hinter rauchtrübem Gewölk zu verschwinden, marschierten wir schon auf der schnurgeraden Landstraße nach Wurzen dahin.

Ringsum breitet sich die schneebedeckte Ebene. Flach, frostig, bläulichweiß, einsam. Im Osten steht der gelbe Schein.

Eine Weile noch bleibt der rauhe Atem des weiterfahrenden Zuges über der Schneefläche sichtbar. Dann hören wir fern vor Wurzen das Pfeifengelächter der Lokomotive, und wieder eine Weile später das stoßweise Dampfen bei der Abfahrt.

Dann ist es still. Ringsum breitet sich die schneebedeckte Ebene. Graue Pappelstriche da und dort. Schneeverschleierte Dörfer. Die kahlen Bäume zu beiden Seiten der beschneiten Straße. Ein Schwarm verarmter Spatzen und Goldammern am Feldrand. Drei schwarze Krähen. Wo sie gelaufen sind, zieht sich eine zierliche Spur durch den

Schnee: rechts ein Vogeltritt – links ein Vogeltritt, immer drei Striche nach vorn, einer nach hinten, und zwischen jedem Tritt ein feiner schräger Ritzer vom schleifenden Flügel. Es ist zart wie ein Vers von Mörike: Zierlich ist des Vogels Tritt im Schnee ...

Wir marschieren. Schweigend und zufrieden. Hingegeben an den Genuß des Schreitens, des Gehens um seiner selbst willen. Kilometer um Kilometer, in frischer, sauberer straffer Winterluft in der Frühe. Ab und zu fällt ein Wort: Hörst du! Die Kohlmeise! – Sieh' dort, die Windmühle, das kreisende Flügelkreuz über der Schneefläche ...

Glocken läuten uns entgegen. Helle eilige Dreiklänge aus fernen Dörfern, sonore warme Tonwogen von Wurzen her, als sei das Geläut nachgedunkelt im Laufe der Jahrhunderte.

Dann verstummen die Glocken. Und die winterliche Ebene liegt noch ferner, noch einsamer ringsum.

Nach zweistündigem Marsch erreichen wir Wurzen.

Kommt man von Osten in die Stadt, so sieht man ihre Werktagseite zuerst. Ein Friedhof, nüchtern wie eine Tabelle. Fabriken, um die es nach Kohlenrauch und Eisen riecht. Schnöde kurzatmige Straßen mit verrußten Häusern. Papierblumen hinter halbgefrorenen Restaurationsfenstern – man schmeckt im Vorübergehen angeekelt die frostige schlechte Bier- und Tabakluft von gestern, die hinter diesen Scheiben quillt. Ein Plakat kündigt einen Theaterabend an: Das Valutamädel. Auf verblichenen roten Zetteln steht: Wählt Kommunisten – solche Zettel kleben anderswo auch, aber hier bemerkt man sie, und in dieser tristen Freudlosigkeit wirkt das wie eine Aufforderung, für die ein Ausrufezeichen schon zu viel wäre.

Und der Himmel tut etwas sehr Gütiges und verhängt diese totgraue Werkeltagszenerie ganz plötzlich mit einem dichten versöhnlichen Schleier weißer wirbelnder Flocken.

Um eine Straßenbiegung steht man unverhofft vor der ragenden Höhe der Wenzeslaikirche. Und man denkt erfreut: nun kommt das alte schöne Wurzen. Aber es kommt nicht viel. Wiederholte schwere Brände haben von der alten Stadt nicht viel mehr übriggelassen als die Grundlinien der Anlagen mit den auf- und absteigenden, vielfach sehr engen Gassen, von denen eine anschaulich Finstere Gasse heißt. Eine andere außen herumlaufende Gasse führt nach einer längst verschollenen Adelsfamilie den absonderlichen Namen Crostigal.

Ungefähr erkennbar ist noch die eigenartige Anlage der Stadt, eigenartig deshalb, weil das alte Wurzen innerhalb der Ringmauer »weder Schmidt noch Schul noch Kirch noch Pfarrer« hatte, weshalb auch ein Sprichwort von den Wurznern sagte: »Wenn die Leute in die Kirche gehen, so laufen sie zum Tore hinaus.«

Wurzen hat eine bewegte Vergangenheit hinter sich und im Jahre 1961 wird es ein volles Jahrtausend beglaubigter Geschichte feiern können. Jahrhundertelang war die Stadt, deren Schicksale der Historiker der »Chur-Sächsischen Stiffts-Stadt Wurtzen«, Christian Schöttgen, 1717 umständlich beschrieben hat, ein bischöfliches Kollegiatstift, das vor der Reformation geistlich dem Bischof von Meißen, weltlich dem ernestinischen Kurfürsten von Sachsen und dem albertinischen Herzog von Sachsen unterstellt war. Diese dreiteilige Herrschaft führte 1542 zu einem Streite, dessen Anlaß recht nichtig war, der aber als erstes Donnerrollen des bald darauf ausbrechenden Schmalkaldischen Krieges seine geschichtliche Bedeutung hat. Wurzen hatte sich geweigert, dem Kurfürsten Johann Friedrich die wegen des drohenden Türkenkrieges erhobene Türkensteuer zu zahlen. Der Kurfürst belegte darauf die Stadt kurzerhand mit 400 Reitern. Dadurch fühlte sich Herzog Moritz beleidigt. Er rüstete, und der Kurfürst rüstete. Dieser allein ließ 22000 Mann vor Wurzen aufmarschieren. Landgraf Philipp von Hessen, Moritzens Schwiegervater, kam in Eilmärschen herbei, und ihm gelang es, diesmal noch die offene Fehde zu verhindern. Am Ostermontag zogen die Heere ab, ohne einen Schuß getan zu haben. »Und also geschah es«, so erzählt Schöttgen, »daß die meisten zu so einer Zeit nach Hause kamen, da ihre Hauß-Mütter noch mit Oster-Fladen versorget waren, daher auch dieser Krieg den Nahmen bekommen, daß er der Fladen-Krieg genennet wird«.

Dieser Fladenkrieg fand 1558 ein groteskes Seitenstück im »Saukrieg«. Ein Hans von Carlowitz war mit dem Meißner Bischof in einen Testamentsstreit geraten, in dessen Verlauf er alle bischöflichen Schafe aus den Schäfereien zu Wilsdruff, Stolpen und Mügeln raubte. Schließlich versuchte er auch gleichzeitig mit den Marktleuten in Wurzen einzudringen, um sich auch da am bischöflichen Besitz schadlos zu halten. Die Wurzener wehrten ihn aber ab. Carlowitz rächte sich und trieb dafür das Vieh der Wurzener Bürger, darunter 700 Schweine, von der Weide ab. »Und als man mit Hauffen, aber ohne Ordnung, dasselbe zu retten hinaus gefallen, sind 9 Personen beschädiget, 5 aber also baldt todt blieben und in ein Grab geleget worden.«

Nicht immer lief es für Wurzen so glimpflich ab, in die sächsische Geschichte verwickelt zu werden. Und besonders der Dreißigjährige Krieg brachte schwere Drangsal auch über die Stadt, die schlimmste während der »Wurtznischen Creutz- und Marter-Woche« im Jahre 1637 während eines Einfalls der Schweden unter Banér. Schöttgen gibt die Chronik dieser Woche in seinem Buche getreu wieder, und noch heute liest man die 40 Seiten lange Schilderung unvorstellbarer Martern mit kaltem Grauen.

Krieg, Feuersnot, Seuche – diese dreifache Geißel aller mittelalterlichen Städte kam immer wieder auch über Wurzen. Acht Pestjahre verzeichnet die Chronik. Das schlimmste Pestjahr war 1607. Von 3000 Einwohnern starben 1450 an der Seuche. Und der erschreckenden Düsternis dieser apokalyptischen Zeit entspricht der krasse Aberglaube, über den Schöttgen berichtet: »Damahls gieng unter den Leuten eine Rede, als ob die Todten schmatzten, und eines das andre in dem Grabe frässe ... Es ist in Pest-Zeiten gar nichts ungewöhnliches, daß die Todten-Gräber vorgeben, sie haben diesen und jenen Todten im Grabe mit dem Maule schmatzen gehöret, welches sie dann noch darzu auszulegen wissen, und sagen, es bedeute, der Todte werde noch mehr von seinen Freunden nachholen. Sie graben daher die Todten wieder auf, reissen ihm, ihren Vorgeben nach, die Kleider, daran sie kauen, aus dem Halse, und stechen ihnen mit einem Grabescheid den Kopff vom Leibe.«

An das schwarze Jahr 1607 erinnert auf dem alten Friedhofe an der Stelle, wo zwölfhundert Pestleichen begraben wurden, ein Türmchen mit einem unter der offenen Wölbung aufgestellten Kruzifix und der Inschrift:

ALS SECHZEHN HUNDERT SIEBEN JAHR
NACH CHRISTI GEBURT DIE JAHRZAHL WAR
HAT GOTT DER HERR NACH SEINEM RAHT
EIN SCHEDLICH PEST IN DIESE STADT
GESCHICKT: DAS IN SECHS MONATS FRIST
DIE SELB FAST AUSGESTORBEN IST
DAN FUFZEHN HUNDERT DRAN GESCHWINDT
WEGGERAFT AN MAN WEIB UND KINDT
DERER ZWÖLFHUNDERT EIN WAGN SCHWARTZ
GEFÜHRET HAT AUF DIESEN PLATZ
DIE IN CHRISTO GESTORBEN SEIN
HIE RUHN IN IHRM SCHLAFKEMMERLEIN
GOTT WOLL DIE STADT UND REGIMENT
HINFURT BEHUTEN FUR SOLCHM ELENDT.

Der »Wagn schwartz«, der Pestkarren, ein Bruder des Raabeschen Schüdderump, auf dem die Totengräber die Pestleichen zum Friedhof fuhren, um sie dort in die Grube zu schütten, soll noch auf dem Boden der kleinen Gottesackerkirche stehen. Ich konnte aber nicht erfahren, wer den Schlüssel zu dieser Merkwürdigkeit in Verwahrung hat. Wahrzeichen der Stadt und Denkmäler ihrer Vergangenheit sind Dom und Schloß. Mit dem Stiftsgebäude zusammen bilden sie eine malerisch gegliederte Baugruppe auf der Höhe der Stadt.

Sieht man die beiden Türme des Doms mit Helm und Laterne über den Dächern stehen, so ist man auf einen feierlich dämmervollen Raum vorbereitet, auf Orgelmusik und Chorstimmen unter hohen Wölbungen.

Aber der Dom ist geschlossen. Schnee liegt gegen die Portale geweht. Des Kirchvogts weißhaarige Frau kommt mit einem Schlüsselbund. Sie guckt mit dunklen scheu-zutraulichen Rotkehlchenaugen und führt uns über ein dämmeriges Treppchen zu einer kleinen Tür – es ist wie hinter den Kulissen einer Bühne am Vormittag: die Illusion stellt sich nicht ein. Und dann betritt man durch das enge Eckpförtchen einen merkwürdigen Raum: eine weißgetünchte Halle, hoch; lang und schmal wie ein Handtuch. Unter der Orgel fallen die Sitzreihen schräg ab wie in einem Lichtspieltheater. Gegen den Altarplatz stuft sich die lange Bahn wieder ein wenig an, und unglaublich weit hinten steht ein Altar. Hinter spitzbogigen Öffnungen in den schmucklosen Wänden hängen hölzerne Emporen wie mysteriöse Käfige, zu denen versteckte Holzstiegen hinaufführen. Und auf dem schmalen Altarplatz steht unsäglich plumpes Chorgestühl in barbarischer Tischlergotik.

Das betrachten wir ohne alle Domgefühle. Und die Frau klagte dabei über die schlimme Teuerung, und nach jedem Satze sagte sie: »Das's schrecklich!« Und eine gute »Augustik« hätte der Dom – sie kam aber gleich wieder auf die schreckliche Zeit zu sprechen und sah uns mit scheu-zutraulichen Rotkehlchenaugen an. Im Dome war es eiskalt.

Das Schloß ist ein einfacher angenehmer Bau. »Kernfest und für die Dauer« steht er da, hoch gegiebelt, von breiten tiefen Gräben umzogen. Zwei derbe Rundtürme, an zwei gegenüberliegende Ecken gestellt, geben dem Schlosse den Ausdruck wehrhafter Kraft.

Wurzen liegt auf der Nordspitze des Porphyrs, der im Dreieck von Rochlitz und Leisnig her nach Norden streicht, wo sich ihm diluviale Flußschotter und Lehmschichten als große flache Ebene gewissermaßen zu Füßen lagern.

In diese von der Mulde durchflossene Aue blicken Dom und Schloß und die alte Stadt weit hinaus. Sie fügen sich, von Westen betrachtet, zu einem malerischen vielgestaltigen Bilde, das freilich durch allzu unbekümmerte Fabrikbauten längs des breiten Mühlgrabens arg beeinträchtigt wird. Die großen Krietschwerke schicken zwar den Namen der Stadt auf Millionen Kekspaketen in alle Welt, und ich entsinne mich der aufgestapelten Krietschkekspakete in den Marketendereien von Baranowitschi und Soissons noch recht gut, aber an Ort und Stelle bauen sich die Werke doch zu rücksichtslos vor das alte Stadtbild. Mit ihnen verbunden ist eine andere Besonderheit Wurzens, die es sogar vor Berlin voraus hat, nämlich eine gleislose elektrische Straßenbahn, die allerdings nur dem Gütertransport dient.

Auch sonst wird in den Fabriken rund um die Stadt manches Erzeugnis von Ruf hergestellt. Preßluftkompressoren für Bergwerke und feine Filze für die Hämmer der Blüthner-, Bechstein- und Steinway-Flügel. Und sogar die schöngeformten Wasserkühler stammten aus Wurzen, die der Reisende vor dem Kriege in Smyrna und Kairo als echt orientalische Erzeugnisse kaufte. Warum nicht – meinem Freunde haben die Aschantineger im Zoologischen Garten auch einen echten Negerspeer aufgeschwätzt, der in einer Metallwarenfabrik auf der Reitbahnstraße in Dresden gemacht worden ist.

So sammelten wir manchen Eindruck und manche Anekdote auf unserem Rundgang durch Wurzen und bekamen erbarmungswürdig kalte Füße dabei. Und zwischendrein hieß es im Wirtshaus für den hungrigen Wandrer tüchtig Kartelesen können und vor Höhen nicht zurückschrecken, auf denen die Preise sich tummelten. Und dann schien es uns, als sei es um Wurzen herum am schönsten in der weiten Muldenaue mit ihrer lockenden Ferne – freilich im Sommer, wenn die Mulde zum Bade lockt, oder im Frühling und Herbst, wenn der Himmel hoch und leicht ist, oder auch an weißen sonnigen Wintertagen – nur nicht heute, denn seit einigen Stunden schickt sich die Landschaft an, im tauenden Schneeschlicker zu versinken. Und dazu stöbert nasser Schnee in beinahe waagerechten Schwaden querfeldein, so daß wir kein besseres Plätzchen wußten als im geheizten Abteil des heimwärts fahrenden Schnellzuges.

Bischofswerda. Marienkirche

Die Fußwanderung und die Wanderfahrt mit dem Rade, die Reise im Schnellzug und im Auto, der Überlandflug über der weitaufgerollten Karte der Landschaft, Dampfer und Boot auf Fluß und See – alle Möglichkeiten, Raum und Zeit zu überwinden, locken den Reisenden aus Passion. Mit dem Mittel aber ändert sich mehr als nur das Tempo. Die Beziehungen zur Umwelt wandeln sich. Schon die geringe Erhöhung, um die ein Fahrradsattel den Radfahrer über den Fußgänger erhebt, macht den Horizont größer, und der Reiter blickt vom Sattel aus nicht nur in, er blickt auch auf die Landschaft. Umgekehrt vermitteln die flach über den See ziehende Segeljacht, der langsam stromab treibende Lastkahn ein stärkeres »Wassergefühl« und ein andres Bild der Ufer als der hochgebaute Dampfer.

Und der Reisende selbst wandelt sich mit. Schon Äußerlichkeiten werden wirksam. Die Schwere der genagelten

Stiefel, der in den Schritt schiebende Druck des Rucksacks im Rücken verwandelt den Träger cum grano salis auch innerlich, und ein andermal ist es die Autohaube, die man beim Eintritt in das Gasthaus der kleinen Stadt abzieht, die ohne den leisesten Anflug von Snobismus das Reisegefühl anders schattiert, als wenn man den Rucksack an den Haken hängt. Auch in diesem Sinne machen Kleider Leute und auch hier liegt der Vergleich nahe: schon die Uniform verwandelt Menschen in Soldaten.

Auch die Beziehungen zu den Mitmenschen wandeln sich. Jeder kennt die Kameradschaft, die ihn mit den »Reisenden auf gleiche Art« verbindet. Die Fußwanderer mit dem Rucksack halten zusammen. Sie helfen einander mit Rat und Auskunft, tauschen Erfahrungen aus, und der eine fragt lieber den anderen Rucksackkameraden nach dem Wege, nach einem Gasthaus, als den Einheimischen. Menschen, die sich nie vorher sahen und einander nie wieder begegnen werden, bilden auf der Ferienwanderung eine Gemeinschaft, die gleichsam der Rucksackriemen zusammenhält. Die Radfahrer bilden eine andre; die Insassen eines Schnellzugsabteils werden für die Dauer der Fahrt miteinander vertraut; der Fußwanderer von heute aber empfindet morgen als Radfahrer mit den Radfahrern solidarisch. Der Schriftsteller Fred hat in seiner Schule des Reisens von den neuen Beziehungen gesprochen, die das Auto als Reisemittel geschaffen hat. Es stellen sich tatsächlich bei allen Arten des Reisens Beziehungen her, die bei den verschiedenen Arten verschieden, bei der gleichen Art die gleichen sind. Veränderte Beziehungen zu den Menschen und zur Landschaft. Man könnte eine Psychologie des Reisens schreiben.

Wesentlicher als alle anderen Wandlungen ist die Wandlung des Landschaftserlebnisses.

Wer dieselbe Landschaft, die er schon zu Fuß durchwanderte, einmal mit dem Fahrrad durchquerte, hat diese Wandlung erfahren; und der Kavallerist, der das Felddienstgelände seiner Garnison als Fußwandrer wiedersieht, der Sommerfrischler, der eine Landschaft, durch die ihn der Schnellzug vielleicht schon oft führte, als Spaziergänger durchstreift, ist von ihr berührt worden. Das Blockhaus am

Bahnübergang, der wartende Bauernwagen, das winkende Mädchen auf dem Heufuder waren damals verwehende Farbenflecke, flüchtige Zufälligkeiten in der kreisenden Landschaft, an deren Horizont ein ferner Hügelzug wie eine fremde Daseinslinie stieg und sank.

Nun steht vielleicht der Reisende von damals selbst an diesem Bahnübergang. Er gibt der Frau das Glas zurück, in dem sie ihm den erbetenen Trunk Wasser brachte, während ihr Mann die Schranke schloß. Der Reisende schaut über grasende Ziegen und bleichende Wäsche unter Obstbäumen in die Landschaft, in der jener Hügelzug als fruchttragende Schwellung ruht, und acht Kilometer, die ihn von seiner Unterkunft trennen und die der Schnellzug in flüchtigen Minuten zurücklegt, sind für ihn ein weiter Weg. Er gibt dem Kinde des Bahnwärters, das sich ihm scheu mit nachschleifender Puppe nähert, von seiner Schokolade. Die Frau ermuntert das Kind zum Dank und lächelt. Fremde Lebenskreise berühren den Wandrer mit ihrer Wärme. Und nun braust der Schnellzug vorüber. Staub und welke Blätter wirbeln über den duftenden Phlox im Gärtchen des Bahnwärters. Luft stürzt in Wirbeln über den Schienen zusammen, in denen noch der Donner klopft. Der Schnellzug verschwindet in Staub, Rauch und Ferne. Der Reisende von damals wartet, bis sich die Schranke hebt, grüßt und geht und beugt sich zu dem winzigen Jungfrosch hinunter, der in kleinen Sprüngen quer über die Straße hüpft – für dieses kleine Wesen ist das Raumüberwindung wie die Reise für die Menschen an den gedeckten Tischen des Speisewagens, und das erstbeste Karrenrad kann ihn zermalmen.

Fußwanderung, Fahrrad, Schnellzug, Flugzeug – die Tempos steigern sich und mit ihnen wird das Landschaftserlebnis größer, großzügiger, es wird gleichsam vom Tempo mit Energie gesättigt. Einzelheiten, die der Fußgänger sich langsam, in epischem Nacheinander erwandert, rinnen zusammen, sie gehen im Flusse der großen Erscheinungen auf, sie verdichten sich zum Gesamtbilde. Das Meßtischblatt erweitert sich zur Landkarte, auf der die großen Grundlinien verzeichnet stehen.

Am stärksten und klarsten wird das Erlebnis der Landschaftszusammenhänge auf einer Überlandfahrt im Auto. Die Reise im Schnellzug hat mit der Fahrt im Auto nur das Tempo gemeinsam. Sonst ist alles anders. Der Reisende im Auto ist der Landschaft näher, verbundener. Er fährt in sie hinein, nicht an ihr vorbei. Wind und Wetter gehen ihn an. Er fühlt die Erde unter sich. Er überquert Täler nicht auf Viadukten. Er rollt in Serpentinen hinab, und drüben wird die Steigung zur singenden Tonleiter des Motors. Berge durchfährt er nicht in Tunnels. Der Führer schaltet die Gangart um und der Wagen überholt schnurrend den Bauernkarren, der langsam, Schritt für Schritt, die gleiche Straße hinaufklimmt. Es ist, als ob alles, Motor, Steuerung und Bereifung, straffer würde in der Arbeit des Ersteigens, und unwillkürlich strafft sich der Insasse mit. Auf dem Scheitelpunkt der Höhe gibt es einen weitaufgeschlossenen Blick ins Land. Dann kippt der Wagen gleichsam auf der Kuppe zu Tale, in das er erleichtert, entspannt auf weichen Gummisohlen hinabgleitet.

Städte sieht der Schnellzugreisende meist von ihrer unerfreulichen Seite. Der Aufenthalt ist ein kurzes Sichvertreten auf dem Bahnsteig, auf dem überall der gleiche Pikkolo, der gleiche Zeitungsverkäufer mit scheinbar der gleichen Stimme am Zug entlangschreitet. Auch das, wie die Reise im Schnellzug überhaupt, hat seinen Reiz. Es ist angenehm, einmal von seinem Platze im Abteil aufzustehen, in den Gang ans Fenster zu treten und die Landschaft vorüberkreisen zu sehen; es ist angenehm, im Speisewagen am gedeckten Tisch wie in einem intimen Restaurant zu sitzen und dabei zu fahren. Jeder kennt die wohltuende Melancholie einer Reise im Schnellzug, wenn der Regen an die Fenster schlägt und an den auf- und abschwingenden Linien der Telegraphendrähte die Tropfen wie kleine silberne Noten hängen. Und wer hat es noch nicht trotz aller Gewöhnung einmal als eigenartiges Erlebnis empfunden, wenn er der Fahrtrichtung entgegen die langen Gänge des Nachtschnellzuges entlang ging, dem Zugende zu, und daran dachte, daß, während er geht, die ganze Wandelbahn mit ihm, mit allem, was ihm begegnet, mit den Schlafenden in den verdunkelten Abteilen, in entgegengesetzter Richtung mit 70 Kilometer Geschwindigkeit durch die Nacht saust. Und selbst der rasche Trunk eines Glases Bier auf dem Bahnsteig in Stuttgart oder Görlitz, der Kauf einer Apfelsine, einer Zeitung hat einen leisen Schimmer von Absonderlichkeit, von der nur der dauernd fahrende Geschäftsreisende unberührt bleibt. Nachteile kennt der passionierte Reisende, für den Goethes Wort an Herder gilt: »Man reist ja nicht, um anzukommen, sondern um zu reisen«, überhaupt nicht. Er fühlt den Rhythmus, der jeder Art des Reisens eigen und bei jeder ein anderer ist und stellt sich auf ihn ein. Und er wirft vom Schnellzugsabteil aus, die Lektüre der Zeitung unterbrechend, einen Blick auf das entschwindende Städtebild, das bei der Einfahrt in den Bahnhof sich hinter Lokomotivschuppen entzog und sich nun zeigt, um rasch im großen Raum der Landschaft zu versinken, und er empfindet stärker als Lenau in der Postkutsche von damals die Gültigkeit des Wortes: »Kaum gegrüßt – gemieden.«

Für den Reisenden im Auto bekommen Städte und Dörfer ein andres Gesicht. Er fährt nicht an ihnen vorbei, er fährt durch die Straßen, über ihren Markt. Sein Wagen spiegelt sich in den Schaufenstern, und ein Ruch der Gemüsestände um den Marktbrunnen streift ihn. Das Auto verbindet Entfernungen auf eine alte und nun wieder neue Art. Vor den Gasthöfen an der Landstraße, um die Marktplätze und Rathäuser der kleinen Städte, vor denen früher die Postkutschen und die Frachtfuhrwerke mit den hohen grauen Planen hielten, halten nun die bestaubten Reiseautomobile, und mancher Gasthof, den die Eisenbahn abseits geschoben hatte, lebt wieder auf und baut Stallungen und Remisen zur Autogarage um.

Jeder Wanderer hat schon auf die Autos geschimpft, die an ihm vorüberrasten und ihn für Minuten in eine unerträgliche Staubwolke hüllten. Und jeder Wandrer hat es begrüßt, als landschaftlich bevorzugte Strecken an Sonntagen für den Kraftwagenverkehr gesperrt wurden. Das Verbot ist unerläßlich und bedarf eher der Erweiterung. Aber es ist nicht die Schuld des Autos, daß es in Deutschland nicht genug staubfreie Automobilstraßen gibt. Trotz allem wird niemand ernsthaft das Automobil aus der Welt weisen oder ihm nur die asphaltierte Straße der Großstadt gestatten wollen. Im Gedränge der Großstadt liegt gar nicht sein eigentliches Gebiet, und in der Steigerung des Automobilverkehrs in amerikanischen Städten hebt es sich schon fast wieder selbst auf. Seiner Art gemäß ist die weite Entfernung. Auf der Hundertkilometerstrecke wird es erst lebendig. Die Autoreise braucht darum durchaus nicht Autoraserei zu sein. Selbst das Autorennen vollzieht sich unter anderen Voraussetzungen als die rücksichtslose private Rekordfahrt durch Städte und Dörfer, zu der ein Herr Neureich seinen Chauffeur anspornt. Wünschenswert ist die Verbilligung der Autoreise, daß sie als Vergnügungsreise um ihrer selbst willen für den Preis einer Schnellzugfahrt möglich wird. Der Kraftomnibus ist der Pionier auf diesem Wege, freilich ein schwerfälliger, ungeschlachter Pionier, und eine Fahrt im Autoomnibus ähnelt der Reise im offenen Auto so wenig wie der Elefant der Antilope.

Der Fußwandrer durchstreift ein Gebiet, und langsam, in kleinen Rucken verschiebt sich das landschaftliche Bild vor seinen Augen. Er spricht von der Bewegung der Landschaft, durch die er sich bewegt. Sie wird im Auto zum vorher nicht geahnten Erlebnis. Der Wagen stürzt sich in die Landschaft hinein, vorwärts. Die weithin gebreitete Ebene, in der man zu Fuß in fünf Stunden zwanzig Kilometer zurücklegt, schwimmt groß unter der endlosen Höhe des Himmels. Stundenweite Wälder schlagen wie ein bewegtes Meer über der Fahrt zusammen. Die wendische Teichlandschaft verwandelt sich in ein unablässiges Aufblitzen rasch aneinandergereihter Teichspiegel. Die ganze Landschaft scheint mit feinem zerbrechlichem Glas überfangen, dessen blankes knisterndes Flimmern sich in der Windschutzscheibe vorm Chauffeur spiegelt. Die Hügellandschaft tritt aus ihrer Ruhe, Berge beginnen zu kreisen. Dörfer und Städte werfen sich der Fahrt entgegen. Der Wagen rollt in Täler hinab, Berge hinauf. Man sitzt wie in einer Schaukel. Auch hier wird nur das Tempo zur Bewegung der Landschaft. Aber zu welcher Bewegung! Wenn der ehrwürdige Paracelsus die Welt mit einem Bilderbuch verglichen hat, in dem man die Blätter mit den Füßen umschlägt, so wird auf der Fahrt im Auto die rasche Aufeinanderfolge der Bilder wie im Film zum lebendigen Geschehen. Die Landschaft lebt, indes wir fahren. Wir sitzen ruhig und alle Linien schwingen.

Ich erlebte es von neuem und unvergeßlich auf einer Fahrt von Dresden nach Zittau. In zwei Stunden, in denen man zu Fuß acht Kilometer zurücklegt, flatterte ein halbes Land vorüber wie ein geschwungenes Band voller Bilder. Die Einzelheiten fließen zusammen. Man fühlt sich mit dem Bogenflug eines Vogels hingeschwungen. Die langen Straßendörfer der sächsischen Lausitz mit ihrer nicht immer erfreulichen, aber eigenartigen Mischung von Ländlichkeit und Industrie reihen sich an der Fahrt auf wie funkelnde Ketten, über die immer wieder ein Bach, ein kleiner Fluß blitzende Wasserlichter wirft. Man erlebt die Regungen, die Geräusche des Lebens, den Laut der Arbeit und das Rauschen der grünen Stille nicht episch nacheinander, sondern ineinander verwoben. Es entsteht eine Polyphonie, ein orchestraler Zusammenklang der Stimmen, in dem der eigentümlich scharrende Gang der Webstühle, das Rasseln der Spindeln in den Fabriken, das Rauschen eines Flußwehres, das Brüllen der Kühe, das Rattern einer Dreschmaschine, der Lokomotivpfiff, der Gesang stählerner Kinderstimmen in einer Dorfschule, Gänsegeschrei auf umgattertem Anger von der Melodie des singenden Motors umsponnen wird. Die Musik des Lebens rauscht um die Fahrt, von der Autohupe mit tönenden Taktstrichen abgeteilt.

Und keine Eisenbahnfahrt, keine Fußwanderung macht die Bewegung der Landschaft so zum Erlebnis. Mit leichtem Schwung über große Flächen beginnt sie. Immer tiefer schneiden die Täler ein, immer höher schwingen sich die Berge auf. Über runde Granitkuppen, am Hange spitzer Basaltkegel hin tanzt das Auto in die Landschaft, aus der die getürmte vulkanische Mauer des Lausitzer Gebirges mit dem fernen Wall des Iser- und Riesengebirges dahinter wie auf einer Fahrbühne herangleitet. Und jedesmal, wenn der Wagen wieder aus einem besiedelten Tal sich den Berg hinaufgeschwungen hat, hält ein Rondell alter Linden an der Landstraße hoch auf der Kuppe seine mächtige runde Laubkrone wie einen Kranz des Lebens empor. Über aller Buntheit des Landes hängen die Girlanden der Obstbäume.

Fruchtbeladene Zweige fließen über der Fahrt zum durchbrochenen Baldachin zusammen. Der Herbst schreitet als hoher Wanderer über das hügelige Land. Er setzt seine buntbeschuhten Füße wie Schlemihl seine gestickten Zauberpantoffeln auf die Hügel und schüttet die grünen, gelben und roten Äpfel in die Täler, in die Gärten, in die braunen Obstpflückerkörbe, auf die grauen Getreideplanen, die unter den Bäumen über die Stoppeln gebreitet liegen. Wolken von Apfelduft, vom Winde gebläht, schlagen über uns zusammen.

Otto Flake sagt in einem seiner Romane, daß in der Großstadt aus der Vervielfältigung des Lebens kleinerer Städte etwas Neues, gleichsam Mehrdimensionales entsteht wie aus der Multiplikation von Flächen ein Raum. So entsteht auch hier aus der Zusammenziehung, aus der Beschleunigung etwas Neues, Drittes. Das Tempo schaltet die Empfindungen um und schafft neue Verhältnisse. Selbst die Autohaube, die das Flattern des Windes um den Kopf nimmt, und die Autobrille, hinter deren anliegenden Gläsern sich die Verwandlung der Landschaft vollzieht, helfen die Beziehungen wandeln.

Als ein Jäger in grüner Joppe, ledernen Gamaschen, die Flinte am Riemen über die Schulter gehängt, mit seinem Hunde an den Weg trat, uns vorüberbrausen ließ und dann in die entspannte Ruhe der Landschaft blickte, die sich um uns vorüberschwang, fühlte ich im voraus schon die Marschfreuden kommender Tage, an denen ich wieder zu Fuß, mit dem fördernden Druck des Rucksacks im Rücken, durch diese Landschaft wandern würde, die um uns das große Wandelbild ausspannte.

Das war am Tage. Nachts fuhren wir zurück.

Die Landschaft ist aufgegangen in der großen Dunkelheit. Berge stehen darin wie Dinge in einem großen finsteren Raume, in dem man sie nicht sieht, sondern in der ungewissen Körperlichkeit dunklerer Massen nur ahnt.

Das Scheinwerferlicht greift weit voraus in die Nacht. Die Straße entsteht vor uns erst im Tempo der Fahrt, eine Röhre aus Straße und Obstbäumen, eine unaufhörlich nach vorn getriebene Höhle aus Licht, die sich hinter uns immerfort schließt. Das Licht schwankt auf der Straßenfläche wie eine Spiegelung, wie der zitternde Widerschein eines Blendspiegels in Knabenhand. Die Bäume stehen hell und flach, mit weißem Laub wie photographische Negative in der schwarzen Nacht. Entgegenkommende Autos werfen uns ihr blendendes Licht entgegen. In dem Augenblick, in dem sie uns erkannt haben können, blendet der Führer den Scheinwerfer ab. Sofort oder manchmal noch eher als wir nimmt auch das Gegenauto den Scheinwerfer weg. Er verschwindet wie gekappt. Dann huschen wir wie dunkle schnelle Schiffe mit kleinen gelben Lichtern aneinander vorbei. Unser Scheinwerfer springt wieder weit voraus, und hinter uns entgleitet das andere Auto mit weißem vorausfließendem Lichtschweif wie ein Komet mit dunklem Kern. Einmal steht ein Mann im hellen Licht mitten auf der Straße. In Mantel und Mütze mit erhobenen Händen wie ein kapitulierender Soldat. Wir halten. Am Straßenrand steht ein Auto. Der Benzinbehälter ist leer. Diebstahl oder ein schlechter Scherz der Zechgenossen. Der Chauffeur ist in den nächsten Ort gegangen, um einen Benzinhändler herauszuklopfen. Unser Führer hantiert mit der kleinen Lichtpatrone an elektrischem Kabel an seiner Maschine, die schwirrend weiterläuft und bereit ist wie ein gesatteltes ungeduldiges Pferd. Er zapft von seinem Benzinvorrat so viel ab, daß der liegengebliebene Wagen bis zur nächsten Benzinstelle fahren kann. Die Lampen der beiden Wagen füllen mit ihrem Licht einen Raum zwischen Straße und Bäumen wie eine Insel menschlicher Beziehungen in der großen schweigenden Nacht. Dank und Gruß. Unser Wagen rollt weiter. Das Scheinwerferlicht wirft sich voraus. Unterwegs begegnen wir dem Chauffeur, der mit zwei Benzinkanistern im Arm aus dem Orte kommt. Und auch dieses nächtliche Zwischenspiel auf der Landstraße bekommt den Reiz eines kleinen Abenteuers wie heute am Tage der blitzschnelle Schuß auf der Freudenhöhe vor Zittau, als ein Luftreifen platzte und nachher ein alter stoppelbärtiger Landstreicher mit zerfledertem Felleisen aufmerksam und schweigend zusah, wie der Chauffeur den Reservereifen aufzog.

Nun gleiten wir wieder durch die hohe Nacht, in der die fahle Straße wie eine Brücke liegt, auf der der Spiegelglanz

Vor dem Hellergut

des Scheinwerferlichts zittert. Täler sinken in schwarze Tiefen hinab, in denen die Lichtfunken der Dörfer flimmern. Das Auto tanzt in Kurven hinab. Es ist ein Hinabsinken, da man den Fall der Straße nicht sieht, nur fühlt. Und wenn die Straße steil steigt, scheinen die angeleuchteten Baumreihen schräg zu uns herabzuschwimmen, vom Brausen des Motors wie in einen Wirbel hineingezogen. Sie haben etwas Überraschtes, Erschrecktes, wie sie plötzlich mit weißem Laub aus Nacht und Heimlichkeit herausgerissen erscheinen und gleichsam fassungslos geblendet hinter uns in die Finsternis hinabstürzen.

Dörfer fliegen mit kleinen Lichtern vorüber. Ein Bauernwagen hält vor einem Tor. Das Pferd, ein Schimmel, steht wie eine bleiche steinerne Statue mit erhobenem Kopf. Aus seinen dunklen glatten Augen streift uns ein angstvoll erwartender Blick.

Das Bild schwingt sich im Bruchteil einer Sekunde vorüber und erlischt hinter uns sofort in tiefer Finsternis, aber man nimmt es deutlich wahr, wie man die Zickzacklinie eines Blitzes in der Nacht noch eine Sekunde auf der Netzhaut nachglühen fühlt.

Starken Duft des Heus, vom Tempo der Fahrt zusammengedrängt, durchfahren wir wie Wolken, den reinlichen Bretterduft einer Schneidemühle, Duft der Wälder, kräftig nach Laub, Erde, Herbst riechend, Obstduft und Düngergeruch der Dörfer. Das Geräusch der Fahrt, das feine deutliche Knirschen der Luftreifen auf dem sprühenden Sandstreusel der Straße, das gesunde auf- und absingende Schnurren des Motors läuft mit uns. Die Stille steht groß beiseite.

Der Wagen braust in die menschenferne Nacht. Zurückgelehnt, in Mantel und Decke gehüllt, läßt man es geschehen. Das Tempo wird Zustand, Ruhe. In himmlischer Gelassenheit ziehen die Sterne hoch über flatterndem Laub. Man ist der Nacht nahe und fühlt das Rauschen ihrer großen Schwingen. Und man empfindet tief und neu, daß eine Nachtfahrt im Auto durch weites duftendes Land voll und tief mit Romantik gesättigt ist, einer andern als der Romantik der Postkutsche, stärker, drangvoller im Rhythmus und in größeren Räumen schweifend, und der Hupenruf des Autos hallt anders als Lenaus Posthorn über ruhende Dörfer, denen über die Äcker die Gittermasten der elektrischen Überlandleitung entgegenmarschieren, aber auch auf solcher Nachtfahrt könnten, vom Motor in das große Schweigen der Nacht skandiert, Verse gedichtet werden.

Der Schein der großen Stadt flammt am nächtlichen Himmel empor. Lichtketten reihen sich an der Fahrt auf. In letzten Kurven sinkt das Auto zur Stadt hinab. Das Eisen der Brücke raunt über uns. Der Strom liegt ohne Wellen, in matter glatter Helligkeit zwischen den Ufern und nimmt still die Lichter in seinen Spiegel. Der Scheinwerfer ist abgestellt. Die starken Geräusche der Straßen werden zur Stimme der Stadt zusammengerafft, indes wir fahren. Unsere Hupe mischt ihren lauten Ton in den Chor. Er klingt barsch und doch wie Freude, wie das Wiehern eines Pferdes, das nach langem Ritt seine Kameraden wiederfindet. Wir gleiten in kleinen geschickten Wendungen durch das Gewirr, dessen Linien wie die Züge eines Rösselsprungs einander kreuzen und schneiden. Der Asphalt spiegelt glatt geschliffen von Rädern und Reifen. Der Widerschein strahlender Autolichter gleißt auf seiner Fläche wie knatternde Goldbleche.

Eine letzte Kurve – wir halten.

Ich schließe die Haustür auf. Mit leisem Knack springt das Licht der Nachtbeleuchtung bis hinauf in den vierten Stock. Draußen entschwindet das Auto als schnurrender Schatten vor der Aureole seines eigenen Lichts im nächtlichen Zwielicht. Und doch beim Ersteigen der Treppen fühlt der Körper das stundenlange Getragensein in hoher Fahrt durch Nacht und Geheimnis wie das Verschweben eines Traumes nach.

Pirna-Rottwerndorf. Blick über das Schloß
zur Krietzschwitzer Ebenheit

Gibt es die wirklich? »Was das Poetische angeht, so bedeutet die Mark das denkbar Niedrigste; nur der Eiherje-Sachse kann noch konkurrieren.«
Das schrieb Theodor Fontane, der doch die Mark geliebt hat; denn man kann nicht der Schriftsteller einer Landschaft sein, ohne sie zu lieben. Und so mildert sein Werk auch das absprechende Urteil über das sächsische Land, das er ja meint. Aber Fontane ist nicht der einzige, auf den sich berufen kann, wer geringschätzig über die sächsische Landschaft urteilen will. »Sachsen: zwischen die Sagenhaftigkeit des Gebirges und die Fabriken der Ebene eingeschlossen liegt Sachsen, das Land der Volksmassen, der Arbeitenden, des Rauches und des großen Verbrauches, und was häßlich daran ist, wandelt sich, wenn man lange Widerstand geleistet hat, in ein Merkmal, in das, was ist und sich von den Landschaften, in denen die Schornsteine rauchen, nicht

mehr trennen läßt.« Das zum Beispiel steht in einem Buch von Otto Flake.

Vielleicht erklären sich solche abfälligen Urteile aus dem Eindruck, den der Reisende erhält, der Sachsen auf den großen Eisenbahnstrecken durchfährt; denn mit Ausnahme der Strecke Bodenbach – Dresden laufen die Fernzüge von Hof, Leipzig, Berlin und Breslau nach Dresden im sächsischen Gebiet durch wenig ausdrucksvolle Landschaften. Das Erzgebirge verklingt längs des von Westen kommenden Schienenstranges in einer Hügellandschaft, die die Schönheit des Gebirges und der Flußtäler nicht ahnen läßt, und die Fabrikstädte Plauen, Reichenbach, Zwickau, Glauchau, Chemnitz locken, wie sie sich von der Bahn aus ansehen, nicht zum Verweilen. Der von Leipzig über Riesa kommende Reisende sieht kaum Wurzen, nicht viel von Oschatz und berührt Meißen gar nicht; er durchfährt eine flache Landschaft, die scheinbar keine Reize zu bieten hat. Auf den beiden Berliner Strecken kann man immer wieder beobachten, wie die Reisenden auf die Landschaft erst aufmerksam werden, wenn der Zug durch die Elblößnitz fährt, die aber schon mit Dresden identifiziert wird, also schon Ziel ist. Und wer von Osten kommt, sieht vielleicht überrascht auf, wenn draußen das süddeutsch-mittelalterliche Stadtbild von Bautzen erscheint, und dann wartet auch er auf Dresden. Und so dünkt Sachsen vielen als das Land, wie es Flake geschildert hat, nüchtern im rußigen Werktagsgrau, ein mittelmäßiges Land mit den zwei Lebenszentren Leipzig und Dresden, mit der Paradelandschaft der Sächsischen Schweiz und allenfalls einem Dampferausflug.

Aber kennt denn mancher Sachse von seiner Heimat viel mehr als den engeren Umkreis seines Wohnsitzes? Wie vielen Dresdnern zum Beispiel ist der Ausflug nach der Sächsischen Schweiz *der* Ausflug, den sie unternehmen, wenn sie einen Feiertagsbesuch über das Weichbild der Stadt hinausführen, um dort wieder nur die vielbetretenen Wege nach der Bastei zu gehen. Wie wenige von ihnen, die sich in den Schwedenlöchern in romantischen Gruppenstellungen fotografieren lassen, kennen die Zschirnsteine, wie wenige den Blick vom Schneeberg und Rosenberg in die enthusiastische Gestaltung des Böhmischen Mittelgebirges.

Wie wenig wissen sie von der vielgestaltigen sächsischen Landschaft, die in bequemen und gar nicht kostspieligen Sonntags- und Wochenendfahrten erreichbar ist: die Weinbergwege um Diesbar; die offene, flache Stromlandschaft unterhalb Riesas, in die im einstmalig kursächsischen Mühlberg schon ein märkisches Stadtbild hereinblickt; die verschliffene Ursteinlandschaft des Erzgebirges mit der herben Kargheit des Kammes; die vulkanischen Bergscharen der sächsischen Lausitz; das blitzende Teichgebiet hinter Kamenz mit seinem Reichtum pflanzlichen und tierischen Lebens in sommerlicher Feuchte; die üppige Lommatzscher Pflege, deren hügelige Getreidefluren wie goldene und bronzene Schilde sich wölben; die karge Waldheide um das verschollene Schilda; die rote Porphyrlandschaft um Leisnig und Rochlitz; die belaubten Täler der Zschopau und beider Mulden, und, schon längere Fahrt erfordernd, das vielgestaltige Vogtland. Welcher Reichtum landschaftlicher Gesichter auf so eng begrenztem Raum! Und nicht minder reich beschenken die sächsischen Städte den Wanderer. Leipzig und Dresden liegen nur zwei Schnellzugstunden voneinander entfernt und sind doch zwei grundverschiedene Repräsentanten sächsischer Geschichte und sächsischen Lebens. Und die andern alle: Meißen und Pirna, Bautzen und Zittau, Freiberg und Chemnitz, Annaberg und Schneeberg, Zwickau und Plauen – jede trägt die Zeichen sächsischer Geschichte in ihren Zügen, und jede formte sich anders und half sächsisches Sein formen. Die Dome und Kirchen, die Schlösser und Rathäuser, die alten Bürgerhäuser in gebogenen Straßen sind eine noch lebendige Geschichte der Kunst, deren Denkmäler aus allen Zeiten über das ganze Land reich verstreut sind. Das romanische Kleinod der Wechselburger Schloßkapelle und die Chinoiserien in Pillnitz, die Bautzner Wasserkunst im Grau der Jahrhunderte und der Meißner Dom, die triumphale Kühnheit der Göltzschtalbrücke und die Goldene Pforte von Freiberg – das alles sind ja Zeugen der Kunst, der Kultur und ihrer wandelbaren Geschichte, der immer eins eigen ist: das Streben nach Schönheit und Vollendung. Und dem Wanderer, dem Wandern mehr ist als trainierte Bewegung der Beine, wird alles gleich wichtig sein, der gotische Altar von Ehrenfriedersdorf und die klirrende Industrielandschaft der westsächsischen Kohlenreviere, die Ruinen einer alten Burg und das strebende, tätige Leben der Gegenwart, und er wird den nassen Goldglanz einer lichtdurchflossenen Großstadtstraße im Regen am Abend schön finden wie das glückselige Sommerlicht über blühenden Bergwiesen. Und so wächst, je länger und öfter man in Sachsen wandert, der Reichtum an mannigfacher Schönheit; man stelle sich nur vor, wie viele Wanderfahrten es erfordern würde, alle sächsischen Städte nur einmal zu besuchen oder alle Burgen und Schlösser Sachsens in seiner Vorstellung zu sammeln oder in jedem Flußtal einmal ein Stück gegangen zu sein – was weißt du von der Stadtkirche zu Annaberg, vom stillen Lauf der Röder um Zabeltitz und Frauenhain, von den alten Gassen und Türmen Bautzens, von der ritterlichen Rochsburg, von den Göttern im Gras im Park von Großsedlitz, von der Weihnachtsstimmung eines erzgebirgischen Spielzeugschnitzerdorfes im Schnee? Und hast du den Klang der Mundarten gehört, wie er sich wandelt auf dem gebirgigen Wege von den langgezogenen Weberdörfern der Lausitz über das Erzgebirge ins Vogtland, wie er aus dem schlesischen Anklang hinüberspricht ins Egerländische und Fränkische, wie die Mundart gleichen Schrittes mit der Abstufung der Landschaft vom Gebirge herunter der Ebene zu sich abschleift und gleichsam auch flacher wird, wie alles, Bauweise und Gebräuche, Charakter und Temperament der Bewohner sich mit ihr wandelt – das alles ist ja auch wie Städte und Dörfer, Dome und Burgen aus dem landschaftlichen Boden und den geschichtlichen Schicksalen, die über ihn hingingen, erwachsen; es ist Stimme und Bildung der Landschaft, die der Mensch ihr verlieh. Beide wurden und sind in gegenseitiger Bedingtheit. Und diese Zusammenhänge, die Verbundenheit aller Erscheinungen, ihr Zusammenwirken im Sein eines Volksstammes ist immer wieder das stetig sich erneuernde, uns stetig bereichernde Erlebnis auf unsern Wanderfahrten durch die sächsische Heimat.

Nachwort

»Wer geht, sieht im Durchschnitt anthropologisch und kosmisch mehr, als wer fährt. Überfeine und unfeine Leute mögen ihre Glosse darüber machen nach Belieben; es ist mir ziemlich gleichgültig. Ich halte den Gang für das Ehrenvollste und Selbständigste in dem Manne und bin der Meinung, daß alles besser gehen würde, wenn man mehr ginge. Man kann fast überall bloß deswegen nicht recht auf die Beine kommen und auf den Beinen bleiben, weil man zuviel fährt. Wer zuviel in dem Wagen sitzt, mit dem kann es nicht ordentlich gehen. … Wo alles zuviel fährt, geht alles sehr schlecht; man sehe sich nur um!«

Diese Worte schrieb 1806 ein Mann, der in Grimma-Hohnstädt aufbrach und nur »um sein Zwerchfell ein wenig auszulüften« von Sachsen nach Sizilien wanderte, auf dem Rückweg noch die Schweiz und einen Teil Frankreichs kennenlernte und nach genau 9 Monaten wieder ins heimatliche Grimma einzog. Johann Gottfried Seumes »Spaziergang nach Syrakus«, 1803 beim Verlag Göschen publiziert, wurde weltberühmt. Es ist ein Reisetagebuch, das, im Umfeld der Großen Französischen Revolution gesehen, auch ein politisches Programm beinhaltet. Besonders die Problematik des »Fußwanderns« erhielt unter dem Einfluß der Ereignisse von 1789 neue Aspekte. Auch in Deutschland entwickelte sich das Genre der Reiseliteratur in einem geradezu phänomenalen Ausmaß. Etwa 10 000 Titel erschienen im 18./19. Jahrhundert, die, in Niveau und Aussage unterschiedlich, unter den weiten Begriff der Reisebeschreibung fallen. Edgar Hahnewald kannte das Werk Johann Gottfried Seumes. Dessen enge Verbindung zur Natur sowie demokratische Überzeugung bestimmten wohl auch bei Hahnewald eine gewisse Vorbildwirkung. Doch viel enger und bei seinen publizistischen Werken nicht zu übersehen ist das sehr nahe Verhältnis zu den Spätromantikern, wie beispielsweise Eduard Mörike und Adelbert von Chamisso. Spätromantik und erste Ansätze zum kritischen

Realismus brachten vor allem in den dreißiger Jahren des 19. Jahrhunderts in der deutschen Literatur bedeutende dichterische Leistungen hervor. Eigen sind jener Epoche Werke, die in bildkräftiger, realistischer Sprache Schönheiten der Natur und das Erleben der Landschaft durch den Menschen zu gestalten versuchten, die aber auch liberalgemäßigte Zeit- und Gesellschaftskritik, resultierend aus einem sozialen Verantwortungsbewußtsein, enthalten.

Hat hier das schriftstellerisch-publizistische Wirken des Edgar Hahnewald seinen Ursprung?

Am 21. August 1884 wird Edgar Hahnewald in Wilschdorf bei Dresden geboren. Sein Vater arbeitet als Buchhalter, und die siebenköpfige Familie lebt in bescheidenen Verhältnissen. Edgar, der bereits in der Kindheit und Jugend durch eine zeichnerische Begabung auffällt, erlernt nach Abschluß der Volksschule den Beruf eines Dekorationsmalers. Doch neben dem Malen und Skizzieren widmet er sich mehr und mehr dem geschriebenen Wort, fühlt er sich dem Journalismus verbunden. Seine kritische Haltung zum bestehenden gesellschaftlichen System, sein soziales Engagement sind Voraussetzungen für seine Mitgliedschaft in der Sozialdemokratischen Partei Deutschlands, der er 1908 beitritt. Und zu dieser Zeit beginnt er auch mit seiner journalistischen Tätigkeit, er arbeitet als Redakteur einer sozialdemokratischen Zeitung in Gera. Aus familiären Gründen siedelt er 1912 nach Dresden über und wird Lokalredakteur der »Dresdner Volkszeitung«. Vier Jahre muß er im ersten Weltkrieg an die Front. Und er erlebt als einfacher Soldat die Sinnlosigkeit des Völkermordens, die Leiden menschlichen Lebens. Bereits 1916, noch mitten im Kriegsgeschehen, bringt der Dresdner Verlag Kaden & Comp. unter dem Titel »Trümmer« zehn Erzählungen von Edgar Hahnewald heraus. Seinem ersten literarischen Werk stellt er einen Ausspruch des Amerikaners Walt Whitman voran: »Ich frage den Verwundeten nicht, wie er sich fühlt, ich werde selbst der Verwundete.«

Die Erzählungen spiegeln das eigene Erleben Hahnewalds wider, Ereignisse im Krieg, die Unmenschlichkeit und Menschlichkeit zeigen und Hilflosigkeit offenbaren. Auch die Hilflosigkeit des jungen Soldaten Hahnewald, der mit Erschrecken auf diese Ereignisse sieht und sie niederschreibt. Zwei Erzählungen ragen besonders hervor: die Titelgeschichte »Trümmer« und »Die Brücke«. In »Trümmer« zeichnet er die Humanität und die Zusammengehörigkeit in einem kleinen polnischen Dorf, zeigt die Betrogenen des Krieges, die einfachen Menschen, die trotz Ohnmacht, Leid und Tod auch Stärke und Kraft und somit Hoffnung in sich tragen.

Für die Erzählung »Die Brücke« schreibt Hermann Wendel im Geleitwort der ersten Ausgabe: »›Die Brücke‹, die in dreißig Jahren in jedem Schullesebuch stehen wird, umschließt den Begriff Krieg in all seinen Ausmaßen und in all seinen Sinnlosigkeiten.« Wer konnte es wissen, daß dreißig Jahre später – 1946 – noch mehr Brücken zerstört waren?

Gerade in dieser Erzählung kommt auch eine besondere poetische Gabe Edgar Hahnewalds zum Ausdruck, die Naturschilderung. Deutlich wird, er braucht einen Gegenpol zu all dem Grauen, einen Gegensatz zum Krieg, und er findet ihn in der Natur. Mit stimmungsvollen Bildern gelingen ihm anmutige Schilderungen von Tieren, Pflanzen und Landschaften. Natur bedeutet für ihn Frieden, Harmonie, seine große Sehnsucht.

Erschüttert über den Tod seines Bruders Lothar, verfaßt Hahnewald ein weiteres Antikriegsbuch, es trägt den Titel »Der Mahlgang« und erscheint 1918 im Berliner Verlag Egon Fleischel & Co. Der Literaturrezensent des sozialdemokratischen »Vorwärts« schreibt zu diesem Band: »Es gehört in die Reihe jener Bücher, die der Nachwelt das Profil der traurigsten aller Menschheitskatastrophen überliefern werden.«

Nach der Rückkehr aus dem Krieg setzt Edgar Hahnewald seine Tätigkeit als Lokalredakteur an der »Dresdner Volkszeitung« fort. Die Bilder des Grauens aber lassen ihn nicht los. Vergangenes bewältigen, an Zukünftiges denken. Beide Komponenten beschäftigen ihn mehr denn je. Aus dieser Situation heraus schreibt er den Roman »Peter Schlemihls Erlösung«, ein Buch, das eine besondere literarische Leistung darstellt. Bewußt knüpft Hahnewald an Adelbert von Chamissos berühmte Märchenerzählung »Peter Schlemihls wundersame Geschichte« an. So wie Chamisso seine

Hauptfigur, den schattenlosen Peter Schlemihl, nach vielen Irrtümern erkennen läßt, daß nur eine sinnvolle und nutzbringende Tätigkeit die »Erlösung« bringen kann, daß soziale Entfremdung eine wesentliche Erscheinung der bürgerlichen Gesellschaft darstellt, so erkennt der Held in Hahnewalds Roman, Paul Eger, der durch einen Fluch zu ständiger Unrast verdammt ist, daß er in einer anderen Gesellschaftsordnung seinen Frieden finden könnte. Im fiktiven Disput mit Peter Schlemihl kommt Paul Eger zu der Erkenntnis, daß diese neue Ordnung der Sozialismus sein muß. »Er hebt die Menschheit auf die nächst höhere Stufe ihrer Entwicklung.« Ein moralisches Vermächtnis und ein politisches Bekenntnis. Der Roman erschien 1920 im Verlag Kaden & Comp. und stellt mit der buchkünstlerischen Ausgestaltung von Franz Gaudeck eine kleine bibliophile Kostbarkeit dar.

Auch das Erlebnis Natur hält Edgar Hahnewald weiter gefangen. Es wird für ihn immer mehr zum Pol der Ruhe und des Friedens. 1920 erscheint wiederum bei Kaden & Comp. sein erstes Wanderbuch »Der grüne Film«, 1923 und 1925 folgen weitere Auflagen. Hahnewald beschreibt hier seine engere Heimat, wie er sie auf seinen Wanderungen erlebt, Wege, Aussichten, Jahreszeiten. Doch haftet diesem Buch noch in gewissem Maße der »Makel des Anfängers« an. Die erzählerische Umsetzung seiner Stimmungen bewältigt er nicht. Wohl um Bildhaftigkeit bemüht, gelingen nur blumige Synonyme. Es ist sein erstes Werk in diesem Metier. Hahnewald sieht noch zu stark Nur-Natur, weicht der Historie, den Menschen, der Gesellschaft aus.

Eine erste Rezension zu diesem Buch mit den neunzehn Landschaftsbildern aus der näheren Dresdner Umgebung erscheint in der »Monatsschrift für Heimatschutz, Volkskunde und Denkmalspflege«. Die Zeitschrift, Publikationsorgan des Landesvereins Sächsischer Heimatschutz in Dresden, dessen Mitglied Edgar Hahnewald auch war, erschien erstmalig 1908. Am 14. Juli des Jahres war in der Dresdner Kunstgewerbeschule der Landesverein »Sächsischer Heimatschutz« gegründet worden. Den Mitgliedern ging es vor allem um Erhalt und Pflege der heimatlichen Natur, Kunst und Bauweise. Die damals veröffentlichte Satzung forderte: »... Pflege der überlieferten ländlichen und bürgerlichen Bauweise, Beratung für Bauten ... Maßnahmen gegen die Verunstaltung von Stadt und Land ... Pflege der Volkskunst ... und Beeinflussung des sächsischen Kunst-Handwerks im Sinne heimatlicher Eigenart; Schutz der landschaftlichen Natur, der einheimischen Tier- und Pflanzenwelt sowie der geologischen Eigentümlichkeiten des Landes ...« Diesem Anspruch wurde die Monatsschrift gerecht, und vor allem in den zwanziger Jahren erscheinen in ihr engagierte Beiträge zum Natur- und Denkmalschutz in Sachsen. Edgar Hahnewald veröffentlicht innerhalb von zehn Jahren, von 1921 bis 1931, insgesamt dreizehn Beiträge.

Doch zurück zum »Fußwanderer« Hahnewald. 1922 bringt der Verlag des Landesvereins Sächsischer Heimatschutz seinen Band »Sächsische Landschaften« heraus. Die vorgestellten 27 Prosatexte lassen aufhorchen. Nicht Pathos der Naturbetrachtung ist ihr Gegenstand, sondern konkrete Geschichten und Geschichte einzelner Dörfer, Städte und Landschaften. Und da gibt es viel zu erzählen. Es sind Reisebilder im besten Sinne, Reisebilder aus einer kleinen Welt, aus der Heimat des Edgar Hahnewald, aus Sachsen. Der Autor geht zu Fuß, und die Ruhe dieser Fortbewegungsart teilt sich auch in der Beschaulichkeit des Erzählstils mit, und sie entspricht damit auch genau der Abgeschiedenheit der Wanderwege und der besuchten kleinen Orte. Hahnewald will mit ihnen bekannt machen, will, daß man sie aufsucht, sich vertraut macht und sie als Stück der Heimat erkennt und liebt. Man staunt nicht schlecht, wenn man plötzlich erfährt, welch bedeutende Ereignisse sich hier einst abspielten, wieviel davon doch schon dem Vergessen preisgegeben wurde. Edgar Hahnewald ist kein Heimatdichter jener trivialen Richtung, in der Klischeehaftes, Heroisches und Volkstümelndes im Mittelpunkt stehen. Er engagiert sich ernsthaft für die sächsische Landschaft und will helfen, sie in ihrer Gesamtheit zu verstehen.

In diese Linie reiht sich auch sein 1929 ebenfalls im Landesverein Sächsischer Heimatschutz erschienener Band »Zwischen Saale und Spree« ein. 34 Reisebilder aus Sachsen. Mit Vergnügen liest man in diesem Band eine hubsche kleine Geschichte, in der der Wanderer Edgar Hahnewald einmal mit seiner Art der Fortbewegung bricht. »Romantische Reise im Automobil« nennt er seine feuilletonistische Niederschrift, und es ist auch keine geographisch eingegrenzte Ortsbesichtigung, nein, mehr eine »Psychologie des Reisens«. Der Autor ist kein Ignorant, keinesfalls negiert er die Technik und verdammt auch nicht diese neue Form des Reisens. »Wesentlicher als alle anderen Wandlungen ist die Wandlung des Landschaftserlebnisses«, schreibt er. Vor- und Nachteile werden abgewogen, aber Hahnewald bleibt weiter ein passionierter Wanderer.

Auch eine 1923 mit seinem Bruder Konrad unternommene Schiffsreise läßt ihn der sächsischen Landschaft und den einsamen Wanderwegen nicht untreu werden. 1924 verlegt Carl Schünemann in Bremen sein Reisebuch »Die Reise nach Sylt«. Diese Elbfahrt, bei Pirna beginnend und auf Sylt endend, bringt ihn nicht nur gegenständlich in größere Weiten, auch künstlerisch ist der Bericht anregend und lebendig zu lesen. »Fünf Tage lang werden wir auf diesem Kahn leben, in dieser Kajüte wohnen und nichts anderes tun als auf Deck sitzen und Deutschland betrachten, wie es vorüberschwimmt.«

Ebenso bringt das 1926 in München bei Callwey erscheinende Buch »Deutsche Landschaften und Städte« Reisereportagen, die weit über das sächsische Gebiet hinausreichen. Hessen, der Bodensee, der Bayrische Wald und Böhmen werden beschrieben.

Edgar Hahnewald, Sozialdemokrat und Journalist bei einer sozialdemokratischen Zeitung, bekommt zu Beginn der dreißiger Jahre immer mehr die Willkür der Nationalsozialisten zu spüren. Am 18. März 1933 geht er, von den Faschisten verfolgt, ins Exil. Der äußere Anlaß ist ein von den Faschisten begangener Fememord, über den Hahnewald berichtet hatte. Jahre später schreibt Hahnewald an seine in Dresden lebende Tochter Hildegard: »Wir publizierten den Fall ausführlich und auch im Landtag kam er zur Debatte. Bei der amtlichen Untersuchung der Maltertalsperre wurde auch die Leiche des SA-Mannes in einem Sack gefunden. Weiter stellte sich heraus, daß zwei höhere Polizeibeamte, die mit dem Fall zu tun hatten, selbst Nazis waren und nun das ihre taten, um die Redakteure der Dresdner Volkszeitung in die Hände zu bekommen ...«

Die Flucht, zuerst nach Teplice, gelingt ihm. Zwei seiner Kollegen können jedoch nicht mehr emigrieren und werden in Konzentrationslagern ermordet – Dr. Max Sachs (1882–1935) und Kurt Heilbut (1888–1943). Auch sein Bruder Konrad bekommt Haß und Verfolgung der neuen Machthaber zu spüren. Er, der erste Burgvater der Jugendburg Hohnstein, wird auf Grund seiner demokratischen Gesinnung Häftling auf eben jener Burg, als diese 1933 zu einem Konzentrationslager umfunktioniert wird. Im Oktober 1933 geht Edgar Hahnewald nach Prag. Noch findet er in dieser Stadt viele Gleichgesinnte, teilt er das schwere Los der Emigration mit ihnen. Und noch kann er auch in seiner Heimatsprache journalistisch und schriftstellerisch tätig sein. Unter dem Pseudonym »Manfred« arbeitet er an der Zeitschrift »Sozialdemokrat« und am marxistisch orientierten »Neuen Vorwärts« mit. 1936 veröffentlicht er den Roman »Karl Herschowitz kehrt heim«. Heimkehr nach Deutschland, Heimkehr nach Dresden – seine große Sehnsucht, die sich nicht erfüllen kann. Die Faschisten wüten mit Terror, zerschlagen Gewerkschaften und Parteien, verbrennen Bücher, verfolgen Menschen. 1938, das völkerrechtswidrige Münchner Abkommen liefert weite Teile der Tschechoslowakei an das faschistische Deutschland aus, muß Edgar Hahnewald wiederum emigrieren. Auf abenteuerlichen Wegen kommt er über Riga nach Schweden. Unterstützt von Genossen der Schwedischen Sozialdemokratischen Arbeiterpartei findet er in Solna eine neue Heimat. Die sprachliche Barriere, der er aber nun gegenübersteht, versperrt ihm jede weitere Möglichkeit, als Journalist oder Schriftsteller tätig zu sein. Seine Liebe zur Malerei und seine ebenfalls ausgeprägte künstlerische Fähigkeit auf diesem Gebiet verhelfen ihm zu einem neuen Beruf. Für schwedische Verlage illustriert er naturwissenschaftliche Bücher, vorrangig Sachbücher für Zoologie und Botanik. Hahnewald versteht auch dieses Handwerk ausgezeichnet. Mit Liebe für das Detail, mit Akribie zeichnet und skizziert er Pflanzen und Tiere. Es ist eine buchkünstlerische, buchgestalterische Arbeit, die der Publizist in Schweden vollbringt. Doch es muß für ihn schmerzhaft gewesen sein, nun »wortlos« zu arbeiten und heimatlos zu sein. Wie viele Pläne er noch hatte, schreibt er 1953 an seine Tochter nach Dresden: »Ehe ich Deutschland verlassen mußte, trug ich mich mit Plänen für zwei Bücher: Ein Buch über die Elbe von der Quelle an und ihren Lauf durch Böhmen und Sachsen, ein populäres Lesebuch … Durch Jahre hindurch hatte ich schon sehr viel Material und Notizen gesammelt, eine Reise – zum guten Teil zu Fuß – längs der böhmischen Elbe von der Quelle an bis Bodenbach hatte ich studienhalber schon 1927 unternommen, und ich hatte auch schon zu schreiben begonnen … Und der andere Plan: ein Buch über Dresden, ein Buch der Liebe zu meiner Stadt …«

Edgar Hahnewald kommt nach dem Krieg nicht in seine Heimat zurück. Ist es Resignation und Müdigkeit, Angst vor dem unwiederbringlich Verlorenem? Emigrantenschicksal. Nur einmal äußert er seiner Tochter gegenüber den Grund: »… wie es (Dresden A. Z.) heute aussieht, möchte ich es gar nicht sehen; es wäre ein Wiedersehen mit einer verstümmelten Liebe.« Als Edgar Hahnewald im Januar 1961 im schwedischen Solna zur letzten Ruhe gebettet wird, sind an seinem Grab viele Freunde versammelt.

Der vorliegende Band würdigt den Heimatschriftsteller Edgar Hahnewald zum ersten Male mit einer Neuauflage gesammelter Landschaftsschilderungen. Bei der Entstehung des Buches gilt besonderer Dank der Tochter von Edgar Hahnewald, Hildegard Berthold, die in vielen Gesprächen wertvolle Hinweise über das Leben ihres Vaters gab.

Auch der Dresdner Kunstwissenschaftler Manfred Altner hat sich intensiv mit dem Werk und der Persönlichkeit des Publizisten Hahnewald befaßt. Ihm gebührt das Verdienst, als erster Edgar Hahnewald wiederentdeckt zu haben. Zum 100. Geburtstag des Schriftstellers am 21. August 1984 erschien in der Zeitschrift »Sächsische Heimatblätter« (Jg. 30, H. 6) eine von Manfred Altner verfaßte Würdigung.

In einem Band mit Feuilletons, genannt »Im Vorbeigehen«, 1926 in Dresden erschienen, trägt ein Beitrag den Titel »Vergeßmaschinen sind wir …« Edgar Hahnewald wurde nicht vergessen. Das Buch ist ein Beweis dafür.

Angelika Ziegner

Die Auswahl stammt aus folgenden Bänden
von Edgar Hahnewald:
Sächsische Landschaften, Dresden 1922
Zwischen Saale und Spree, Dresden 1929

Der Beitrag »Otto Altenkirch« wurde 1924 in den
Mitteilungen des Landesvereins Sächsischer Heimatschutz
(Band XIII) veröffentlicht.

Bildnachweis

Für die Kapitelanfänge wurden zeitgenössische
Fotos verwendet.
Bei den übrigen Textillustrationen
handelt es sich um Reproduktionen von Gemälden
Otto Altenkirchs.
Wir danken der Deutschen Fotothek Dresden (40 Abb.)
sowie dem Heimatmuseum Lommatzsch (1 Abb.)
für die Bereitstellung der Bilder.
(Luftbildgen. Nr. ZLB/L 1055/74)

Das Foto auf dem Schutzumschlag zeigt
Edgar Hahnewald
(Privatbesitz H. Berthold).